져야 이기는 내기

져야 이기는 내기

조지 섀넌 글 | 피터 시스 그림 | 김재영 옮김

1판 19쇄 펴낸날 2022년 4월 20일 | 펴낸곳 (주)베틀북 | 펴낸이 강경태
등록번호 제16-1516호 | 주소 서울시 강남구 테헤란로84길 12 (우)06178
전화 (02)2192-2300 | 팩스 (02)2192-2399 | 홈페이지 www.betterbooks.co.kr

More Stories to Solve
Text copyright ⓒ 1991 by George W. B. Shannon
Illustrations copyright ⓒ 1991 by Peter Sís
Korean Translation Copyright ⓒ 2007 by Better Books Co., Ltd. All rights reserved.
This Korean edition is published by Better Books with arrangement of HarperCollins Publisher
and Peter Sís c/o THE BOOK GROUP through KCC(Korea Copyright Center Inc.), Seoul.

이 책의 한국어판 저작권은 (주)한국저작권센터(KCC)를 통해 저작권자와 독점 계약한 베틀북에 있습니다.
신저작권법에 의해 한국 내에서 보호를 받는 저작물이므로 무단 전재와 무단 복제를 금합니다.

ISBN 978-89-8488-512-7 77840

이 도서의 국립중앙도서관 출판도서목록(CIP)은 e-CIP 홈페이지(http://www.nl.go.kr/cip.php)에서 이용하실 수 있습니다.
(CIP 제어번호: CIP2007001338)

져야 이기는 내기

조지 섀넌 글 | 피터 시스 그림 | 김재영 옮김

차 례

■ 머리말 ································· 7

첫 번째 이야기 • 눈사람 ································· 8

두 번째 이야기 • 왕자는 누구? ························ 11

세 번째 이야기 • 동전 한 닢 ··························· 15

네 번째 이야기 • 반딧불이와 원숭이 ················ 19

다섯 번째 이야기 • 개구리 ································ 23

여섯 번째 이야기 • 악마와 변호사 ····················· 27

일곱 번째 이야기 • 솥을 뒤집어쓴 수탉 ·············· 31

여덟 번째 이야기 • 듣지도 보지도 못한 것은? ······ 35

아홉 번째 이야기 • 승려와 은행가 ·············· 39

열 번째 이야기 • 마지막 부탁 ················· 43

열한 번째 이야기 • 허를 찔린 왕 ··············· 47

열두 번째 이야기 • 해돋이 ···················· 51

열세 번째 이야기 • 터무니없는 이야기 ········· 53

열네 번째 이야기 • 져야 이기는 내기 ·········· 57

열다섯 번째 이야기 • 새 배일까? 헌 배일까? ······ 61

■ 이야기의 출전 ························· 63

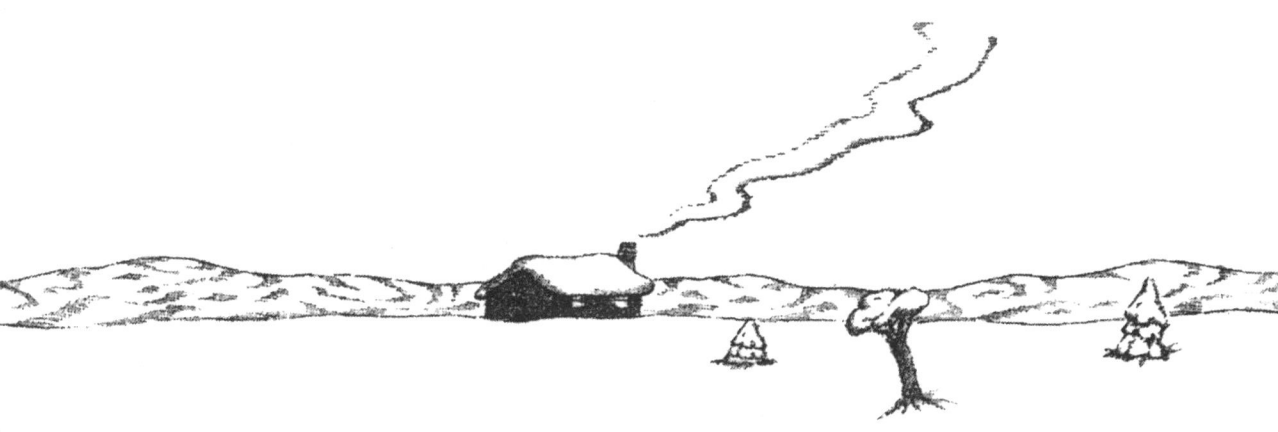

| 머리말

세계의 민담 속 지혜와 재치

 이 책에서 소개하는 이야기와 수수께끼 들은 오랫동안 사람들의 입에서 입으로 전해진 것들입니다.

 이야기 속 주인공들은 혼자 힘으로 수수께끼를 풀어냅니다. 그들은 힘도, 돈도, 권력도 없었지만 자신이 맞닥뜨린 상황을 남과 다르게 볼 줄 알았기 때문이지요. 또 스스로 해결책을 찾을 수 없을 때는, 현명한 사람에게 지혜를 빌릴 줄도 알았고요.

 여러분도 책을 읽으면서 어떻게 하면 그 상황을 해결할 수 있을지 곰곰이 생각해 보세요. 좋은 방법이 떠오르지 않으면 지금까지 생각했던 것과 다른 방향에서 문제를 다시 한 번 보세요. 문제를 푸는 데 도움이 될 거예요.

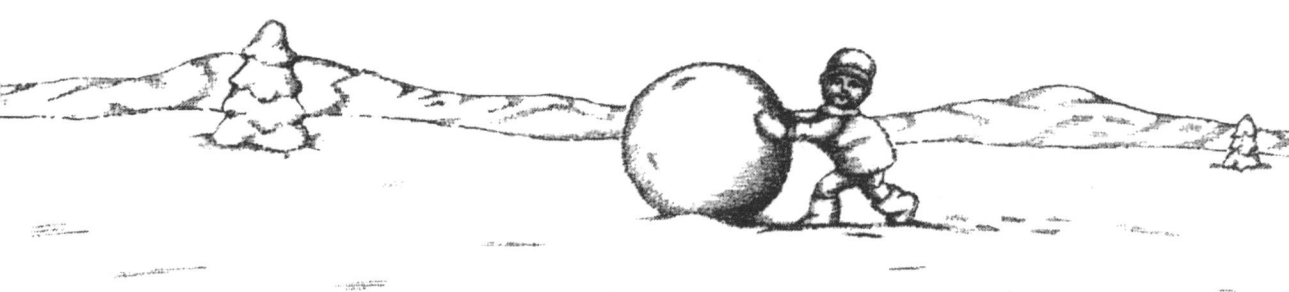

| 첫 번째 이야기

눈사람

  어느 눈 내리는 날, 세 형제는 마을에서 가장 큰 눈사람을 만들어 보겠다고 마음먹었습니다. 셋은 각자 눈덩이를 하나씩 굴렸습니다. 크게, 더 크게, 점점 더 크게 굴렸습니다. 눈덩이가 너무 커져서 한 사람이 굴리기 힘들어지자 둘이서 굴리고, 나중에는 셋이 함께 눈덩이를 밀었습니다. 가장 큰 눈덩이가 셋이 힘을 합쳐도 더 밀 수 없을 만큼 커질 때까지요.

  형제들은 가장 큰 눈덩이 위에 두 번째로 큰 눈덩이를 올려놓으려고 했지만 들어 올릴 수가 없었습니다. 어찌나 크

게 잘 만들었는지 무거워서 들 수가 없었던 것입니다. 셋이 다시 눈덩이를 작게 만들려고 눈을 덜어 내고 있는데 할아버지가 왔습니다.

"너희들, 왜 눈을 덜어 내고 있는 게냐?"

눈덩이가 너무 커서 그런다고 대답하자 할아버지가 말했습니다.

"덜어 낼 필요 없다. 더 만들면 돼."

그리고 어떻게 하면 되는지 알려 주었습니다.

저녁 무렵, 셋은 지금껏 마을에서 한 번도 본 적이 없는 큰 눈사람을 완성했습니다. 눈사람은 세 형제가 서로의 어깨 위에 올라탄 것만큼이나 컸습니다.

세 형제는 어떻게 해서 이런 큰 눈사람을 만들 수 있었을까요?

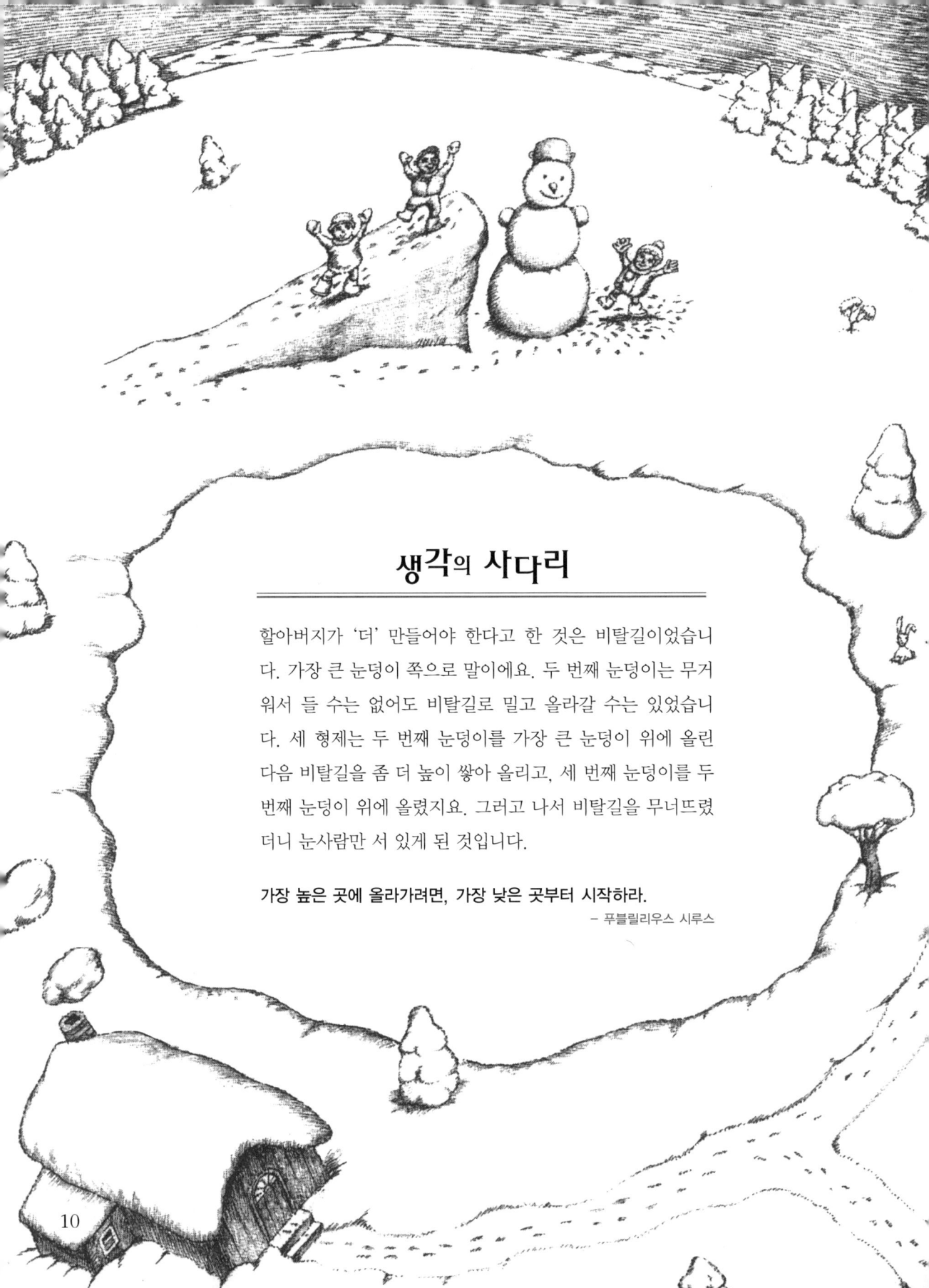

생각의 사다리

할아버지가 '더' 만들어야 한다고 한 것은 비탈길이었습니다. 가장 큰 눈덩이 쪽으로 말이에요. 두 번째 눈덩이는 무거워서 들 수는 없어도 비탈길로 밀고 올라갈 수는 있었습니다. 세 형제는 두 번째 눈덩이를 가장 큰 눈덩이 위에 올린 다음 비탈길을 좀 더 높이 쌓아 올리고, 세 번째 눈덩이를 두 번째 눈덩이 위에 올렸지요. 그리고 나서 비탈길을 무너뜨렸더니 눈사람만 서 있게 된 것입니다.

가장 높은 곳에 올라가려면, 가장 낮은 곳부터 시작하라.
– 푸블릴리우스 시루스

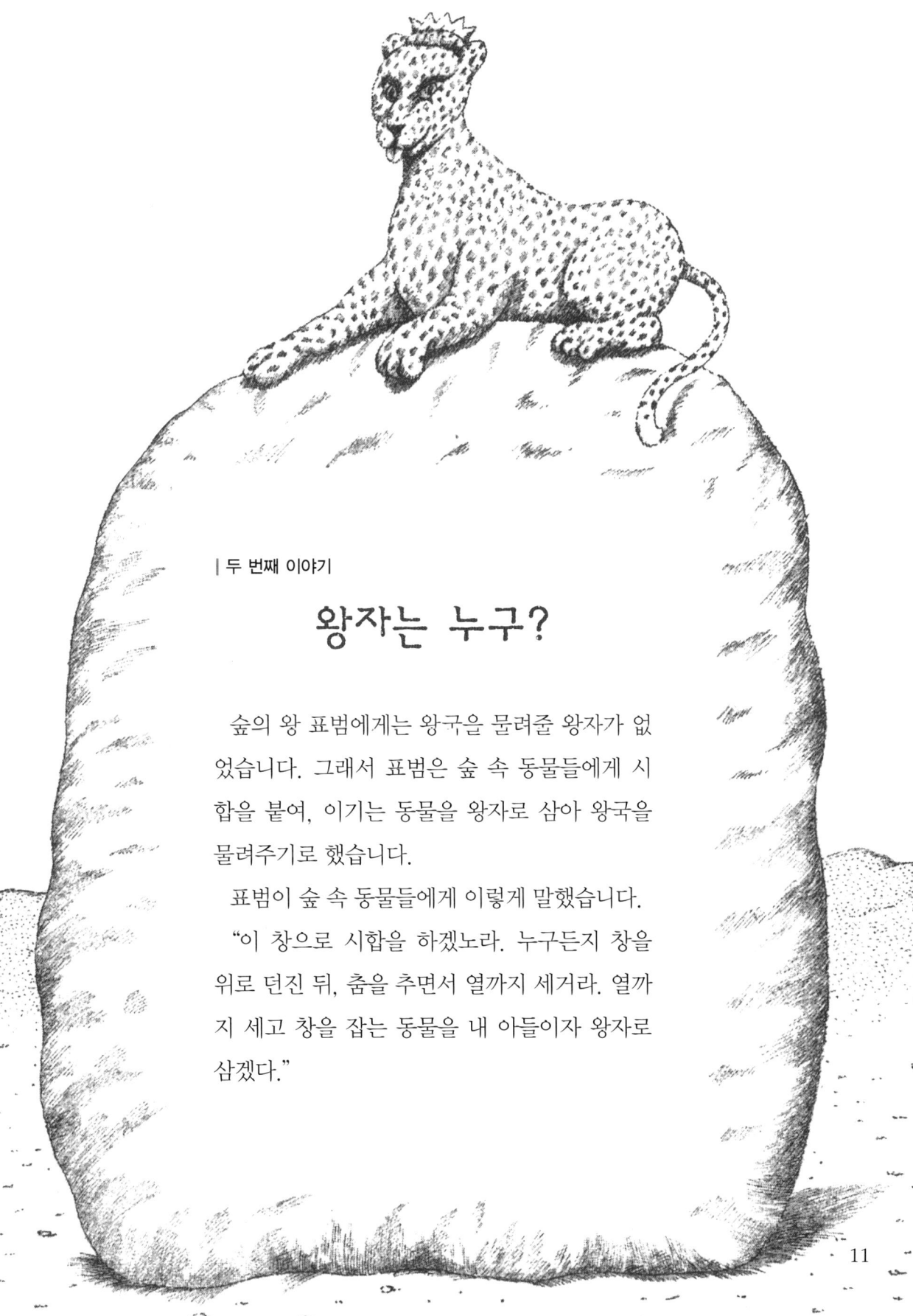

| 두 번째 이야기

왕자는 누구?

숲의 왕 표범에게는 왕국을 물려줄 왕자가 없었습니다. 그래서 표범은 숲 속 동물들에게 시합을 붙여, 이기는 동물을 왕자로 삼아 왕국을 물려주기로 했습니다.

표범이 숲 속 동물들에게 이렇게 말했습니다.

"이 창으로 시합을 하겠노라. 누구든지 창을 위로 던진 뒤, 춤을 추면서 열까지 세거라. 열까지 세고 창을 잡는 동물을 내 아들이자 왕자로 삼겠다."

온갖 동물들이 모두 해 보겠다고 나섰습니다. 정말 쉬워 보였으니까요. 코끼리가 맨 처음으로 해 보았습니다. 춤도 형편없었고 넷을 외치는 순간 창이 땅에 떨어졌습니다. 다음 차례는 황소였습니다. 춤도 코끼리보다 낫고 창도 좀 더 높이 올라갔습니다. 하지만 다섯을 셌을 때 창이 땅에 떨어졌습니다. 이어 원숭이가 나서고, 또 다른 동물들이 줄줄이 뒤를 이었습니다. 하지만 아무도 창이 떨어지기 전에 열까지 세지 못했습니다.

그때 작은 사슴이 해 보겠다며 앞으로 나섰습니다. 모두들 큰 소리로 웃어 댔습니다.
"규칙은 규칙이다. 누구든지 해 볼 수 있다."
표범 왕이 말했습니다. 작은 사슴은 창을 들고 살짝살짝 발을 옮겨 가며 귀엽게 춤을 추었습니다. 그리고 들고 있던 창을 위로 던진 다음, 금세 열까지 세고 창을 잡았습니다. 그날로 사슴은 왕자가 되었습니다.
작은 사슴이 어떻게 자기보다 더 크고 힘센 동물들도 못한 일을 해낸 걸까요?

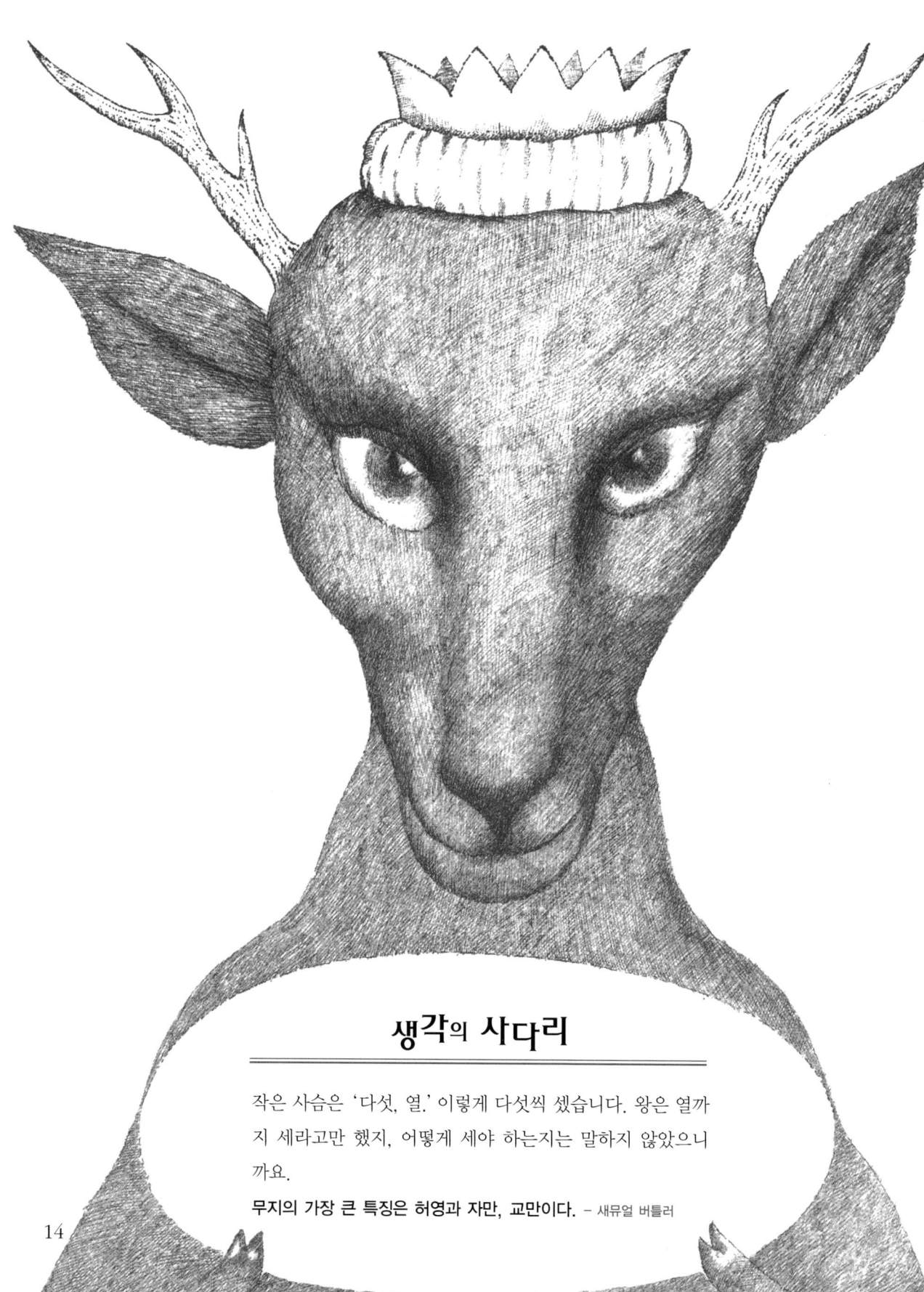

생각의 사다리

작은 사슴은 '다섯, 열.' 이렇게 다섯씩 셌습니다. 왕은 열까지 세라고만 했지, 어떻게 세야 하는지는 말하지 않았으니까요.

무지의 가장 큰 특징은 허영과 자만, 교만이다. - 새뮤얼 버틀러

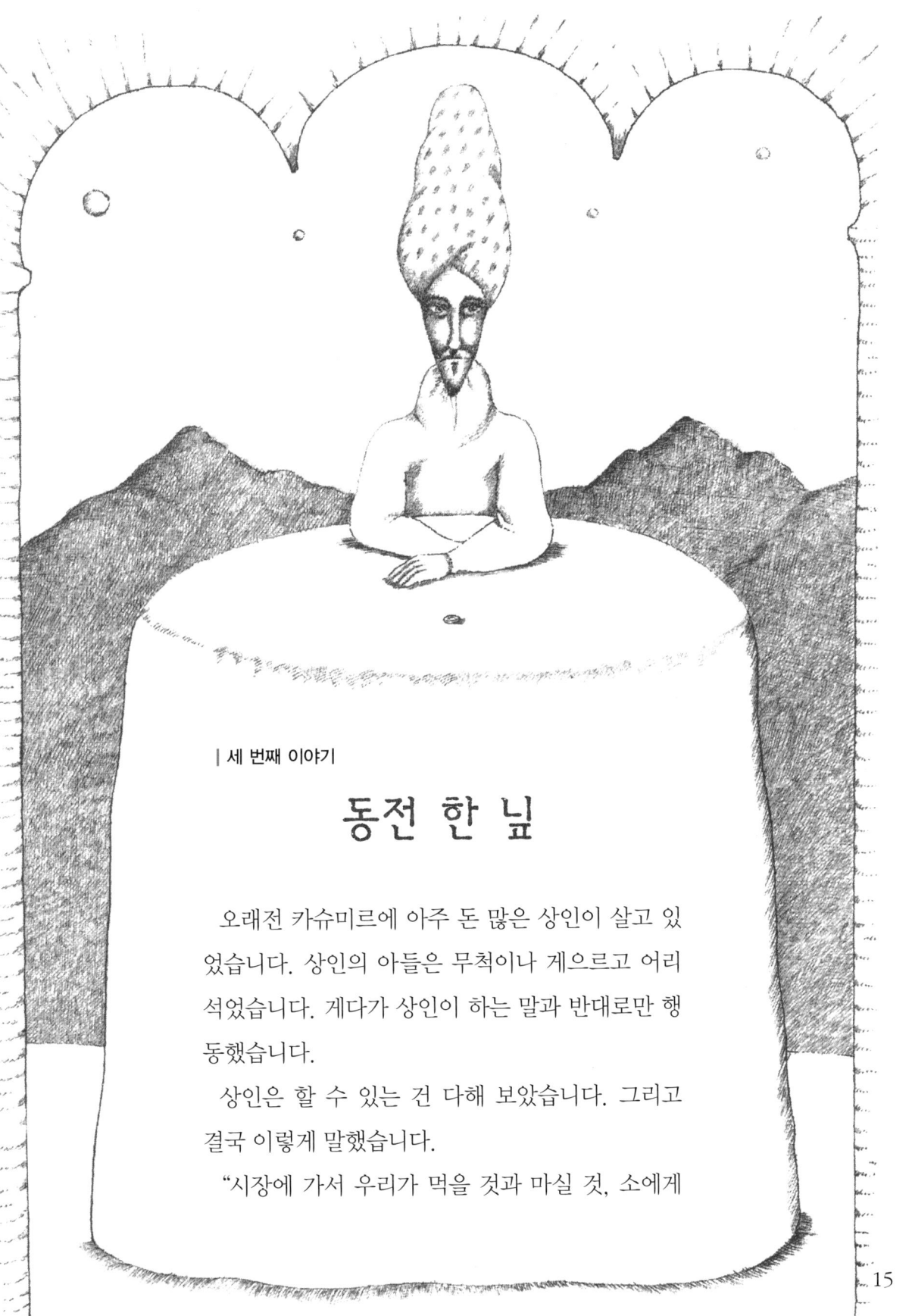

| 세 번째 이야기

동전 한 닢

 오래전 카슈미르에 아주 돈 많은 상인이 살고 있었습니다. 상인의 아들은 무척이나 게으르고 어리석었습니다. 게다가 상인이 하는 말과 반대로만 행동했습니다.
 상인은 할 수 있는 건 다해 보았습니다. 그리고 결국 이렇게 말했습니다.
 "시장에 가서 우리가 먹을 것과 마실 것, 소에게

먹일 것과 마당에 심을 것을 사 오너라. 그리고 물건 값으로는 딱 동전 한 닢만 써야 한다. 물건을 사면 집에 오고, 사지 못하면 오지 말아라."

아들은 울면서 시장으로 걸어갔습니다. 동전 한 닢으로 어떻게 그것들을 모두 살 수 있을지 막막하기만 했습니다. 이제 다시는 집으로 돌아갈 수 없을 것 같은 생각에 엉엉 울었습니다. 울음소리를 듣고 들판에서 일하던 여자 아이가 왜 그러는지 물었습니다. 아들이 자신의 처지를 털어놓

자, 여자 아이는 고개를 끄덕이며 걱정하지 말라고 했습니다. 그러고는 아버지가 시킨 일을 쉽게 할 수 있다며 아들에게 방법을 알려 주었습니다.

그날 밤 아들은 얼굴에 웃음을 가득 띤 채 먹을 것, 마실 것, 소에게 먹일 것, 그리고 마당에 심을 것을 사 가지고 집으로 돌아왔습니다. 아버지는 아들이 사 온 것을 보고 깜짝 놀랐지요.

아들이 사 온 것은 무엇이었을까요?

생각의 사다리

아들이 사 온 것은 수박이었습니다.
속살은 먹고, 즙은 마시고, 껍질은 소에게 먹이고,
씨는 마당에 심을 수 있으니까요.

복잡해 보이는 문제일수록 오히려 간단하게 해결될 때가 있다.

| 네 번째 이야기

반딧불이와 원숭이

어느 날 밤, 밀림에 사는 반딧불이가 꽁무니에 불을 밝히고 원숭이 머리 위를 뱅뱅 돌고 있었습니다.
"저리 가!"
원숭이가 소리를 빽 지르더니 낄낄거리며 비웃었습니다.
"어두운 게 그렇게 무서우면 밤에는 밖에 나오지 말아야지."
반딧불이는 무서워서 그러는 게 아니라고 했지만 원숭이는 따지듯 되물었습니다.
"어두워서 겁이 나니까 그렇게 불을 켜고 다니는 거잖아?"
반딧불이가 모든 반딧불이들은 원래 불을 켜고 다닌다고 설명했지만, 원숭이는 그건 모든 반딧불이들이 원래 겁쟁이어서 그렇다며 놀렸습니다.

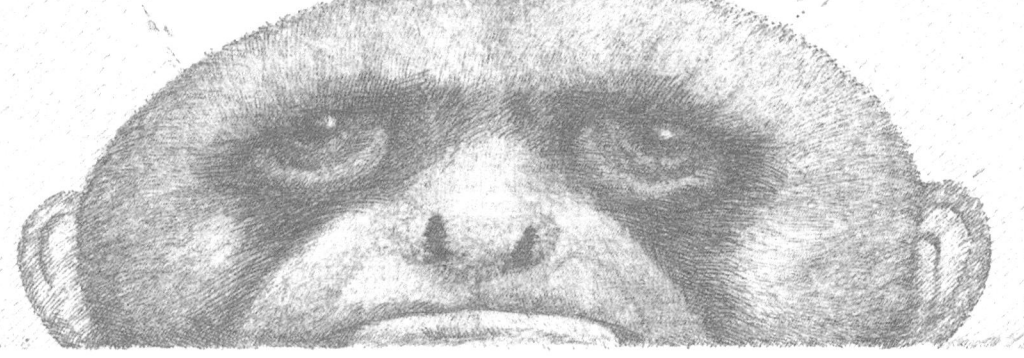

"내가 아무것도 무서워하지 않는다는 걸 보여 줄게. 내일 밤 우리 집으로 와. 누가 센지 겨뤄 보자고!"

보잘것없는 반딧불이가 싸우자고 덤벼들자 원숭이는 더 크게 웃었습니다.

"난 손가락 두 개만으로도 널 납작하게 만들 수 있어. 그러니 너는 친구랑 친척들까지 몽땅 데리고 오는 게 좋을 거야. 있는 대로 죄다 불러와야 할 거라고!"

"너야말로 친구를 데려와야 할 거다. 겁먹고 도망치지 않으려면."

반딧불이도 지지 않았습니다.

소문은 눈 깜짝할 사이에 퍼져 나갔습니다. 다음 날 저녁, 모두들 반딧불이 집으로 모여들었습니다. 원숭이가 오더니 웃으며 말했습니다.

"너를 납작하게 짜부라뜨려 주마."

원숭이는 커다란 나무 방망이를 어깨에 걸치고 있었습니다.

"그리고 네 말대로 혹시나 해서 친구들도 좀 데리고 왔지!"

원숭이가 손짓을 하자 원숭이 아흔아홉 마리가 집 앞으로 모여들었습니다. 원숭이 백 마리가 방망이 백 개를 들고 조그만 반딧불이 한 마리와 맞서 있었습니다. 새가 숫자를 셌습니다.

"하나, 둘, 셋, 시작!"

원숭이 백 마리가 방망이를 치켜들고 반딧불이 쪽으로 걸어갔습니다. 무시무시한 싸움이었죠. 하지만 밤이 샐 무렵 원숭이들은 하나같이 바닥에 뻗어 있었습니다. 싸움에서 이긴 건 반딧불이였지요.

어떻게 된 걸까요?

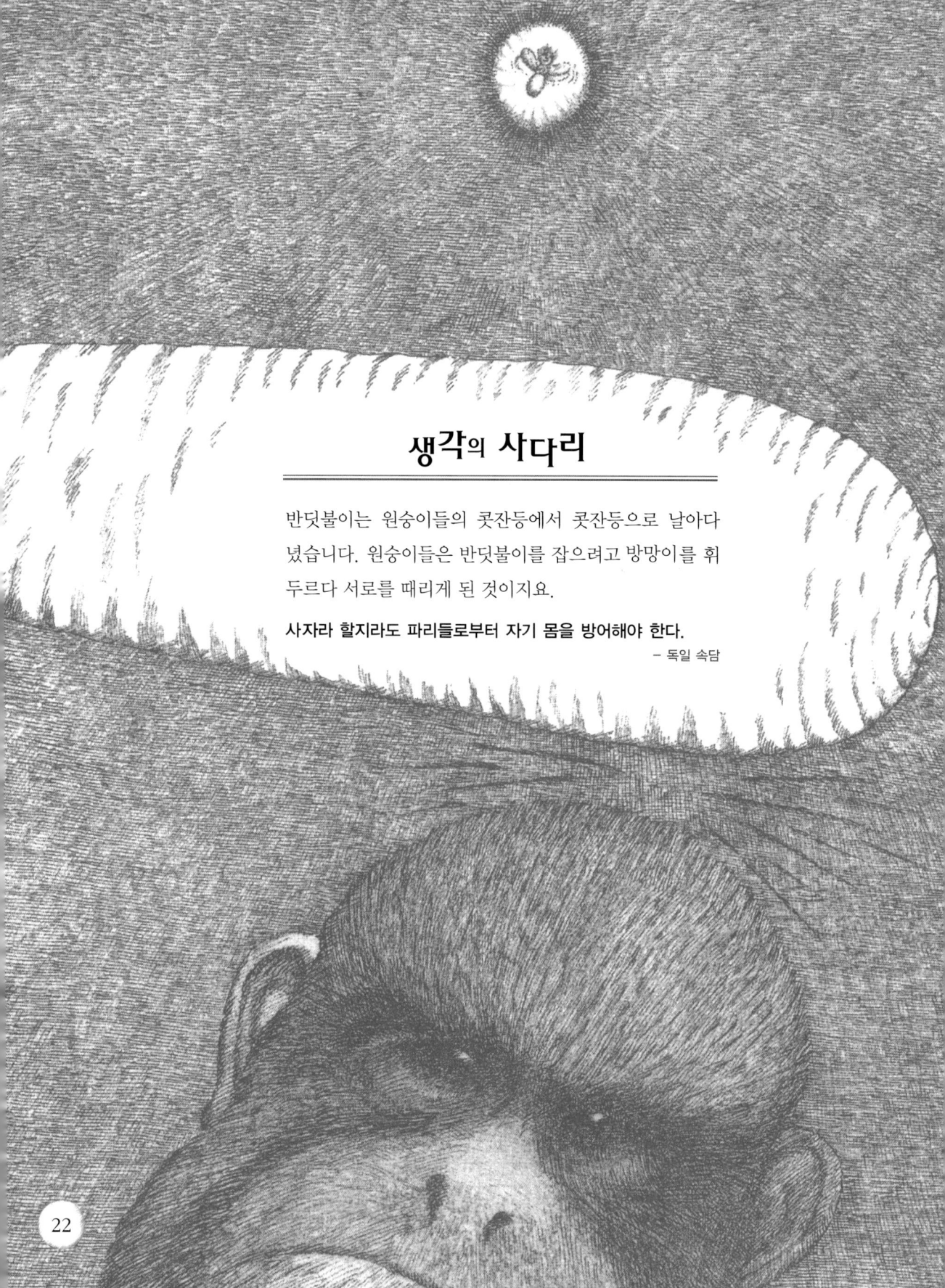

생각의 사다리

반딧불이는 원숭이들의 콧잔등에서 콧잔등으로 날아다녔습니다. 원숭이들은 반딧불이를 잡으려고 방망이를 휘두르다 서로를 때리게 된 것이지요.

사자라 할지라도 파리들로부터 자기 몸을 방어해야 한다.
― 독일 속담

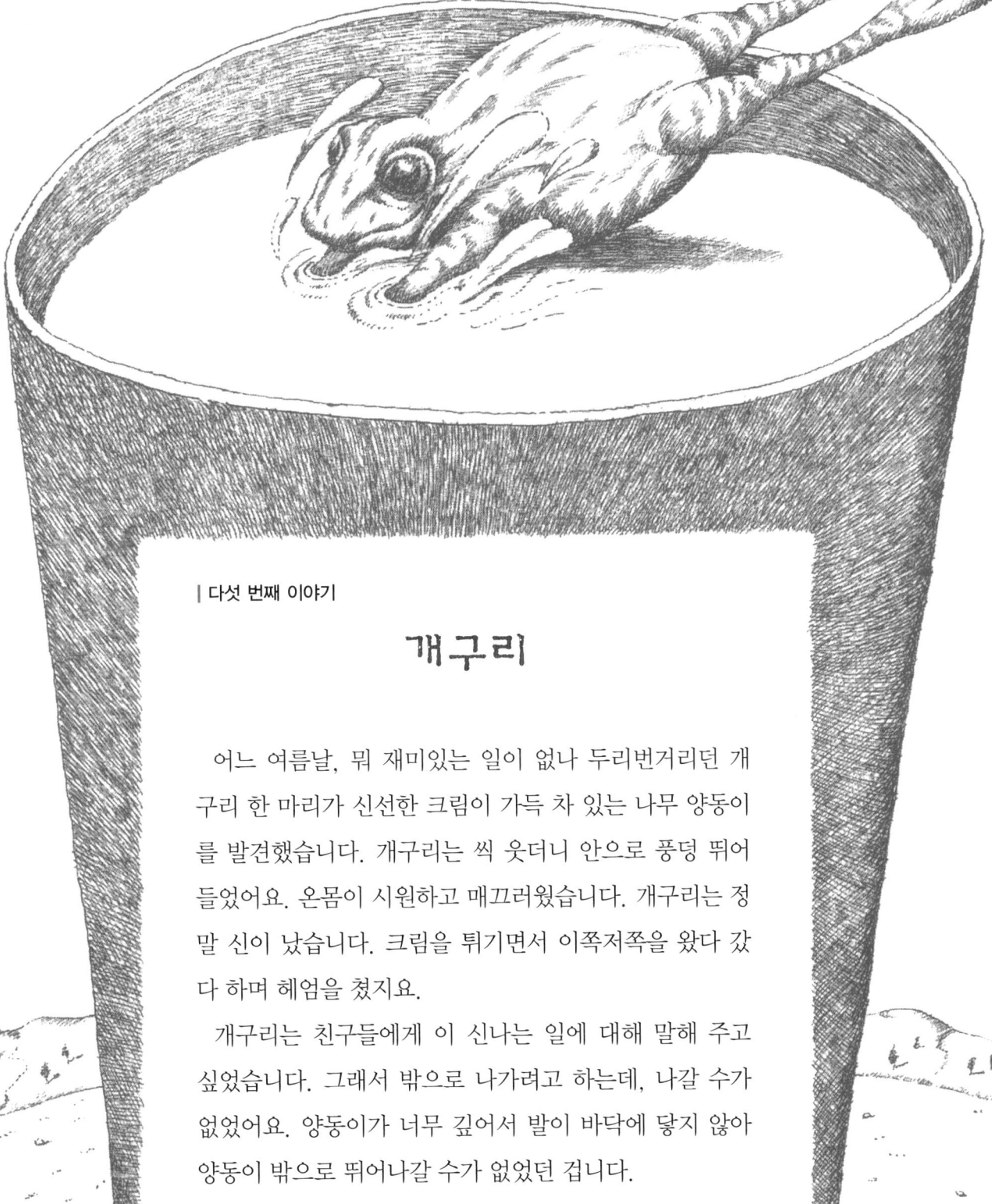

| 다섯 번째 이야기

개구리

  어느 여름날, 뭐 재미있는 일이 없나 두리번거리던 개구리 한 마리가 신선한 크림이 가득 차 있는 나무 양동이를 발견했습니다. 개구리는 씩 웃더니 안으로 풍덩 뛰어들었어요. 온몸이 시원하고 매끄러웠습니다. 개구리는 정말 신이 났습니다. 크림을 튀기면서 이쪽저쪽을 왔다 갔다 하며 헤엄을 쳤지요.

  개구리는 친구들에게 이 신나는 일에 대해 말해 주고 싶었습니다. 그래서 밖으로 나가려고 하는데, 나갈 수가 없었어요. 양동이가 너무 깊어서 발이 바닥에 닿지 않아 양동이 밖으로 뛰어나갈 수가 없었던 겁니다.

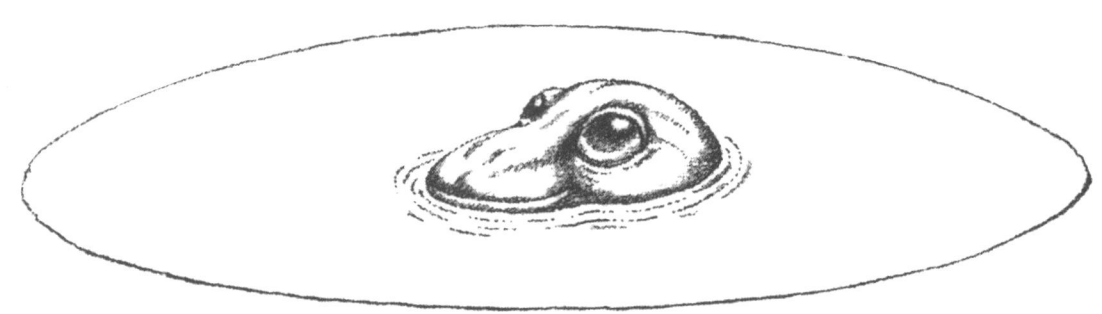

연못에서처럼 발을 디딜 나무 밑동이나 바위도 없었어요. 양동이 벽은 너무 미끄러워 딛고 올라갈 수도 없었습니다. 완전히 갇혀 버린 거지요. 계속 헤엄을 치거나, 빠져 죽는 것 말고는 할 수 있는 것이 없었습니다.

정말이지 죽는다는 건 견딜 수 없었어요. 더구나 크림 속에서 말이지요. 개구리는 이리저리 헤엄도 치고, 힘이 빠져서 움직일 수 없을 때까지 팔다리를 버둥거리며 빙글빙글 돌아다녔습니다. 개구리가 중얼거렸습니다.

"아무짝에도 쓸모없는 짓이야. 이제 끝이라고. 그냥 죽는 게 더 나을지도 몰라."

개구리는 양동이 한가운데로 떠밀려 가더니 가라앉기 시작했어요. 하지만 크림이 입으로 들어오자마자 개구리는 푸푸거리다 갑자기 '안 돼!'라고 외치며 다시 헤엄을 쳤습니다.

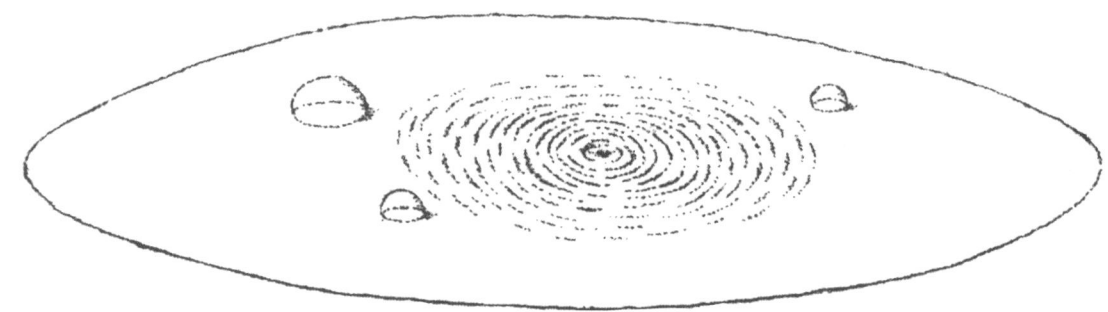

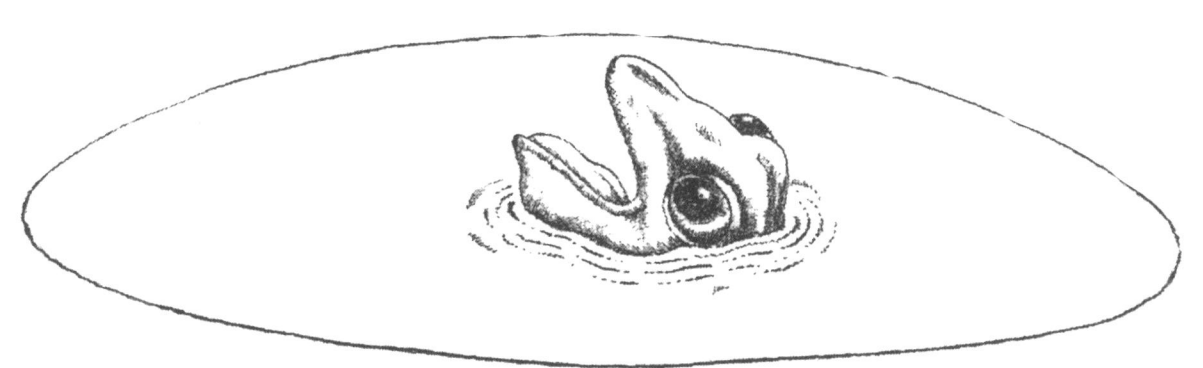

    그러나 그것도 잠시. 개구리는 지쳐서 버둥거릴 힘조차 없어졌습니다. 다시 양동이 가운데로 떠밀려 가서는 가라앉기 시작했지요. 또 다시 크림이 얼굴을 덮쳤고 이번에도 개구리는 푸푸거리다 '안 돼!'라고 외치며 바동거렸습니다.

    다섯 번째로 가라앉을 때였어요. 발밑에 뭔가 닿는 느낌이 들었습니다. 여전히 부드럽고 미끈거렸지만 발을 버틸 수 있을 정도는 되었어요. 개구리는 바닥을 박차고 양동이 밖으로 뛰쳐나가 친구들에게 갔습니다. 그리고 무슨 일이 있었는지 말해 주었지요. 친구들은 개구리가 어떻게 밖으로 나올 수 있었는지 궁금했답니다. 하지만 개구리 자신도 어떻게 된 일인지 알지 못했어요.

    여러분은 알고 있나요?

생각의 사다리

개구리가 뱅글뱅글 돌며 계속 헤엄을 치는 바람에 크림이 부드럽고 말랑말랑한 버터로 변한 것이랍니다.

살아 있는 한 희망은 있다. – 영국 속담

| 여섯 번째 이야기

악마와 변호사

 오래전 아일랜드에서 있었던 일입니다. 한 남자가 자식들을 학교에 보낼 돈을 구하기 위해서라면 무엇이든지 할 거라고 말하고 다녔습니다. 악마가 이 소리를 듣고는 남자에게 한 가지 제안을 했습니다. 아이들 학비와 남자의 영혼을 맞바꾸자는 것이었습니다.
 7년이 지나고 악마가 남자를 데리

러 왔습니다.

　남자는 죽고 싶지 않았어요. 자식들도 아버지가 죽지 않길 바랐습니다. 신부가 된 큰 아들이 악마에게 아버지를 몇 년만 더 살게 해 달라고 간청했습니다. 악마는 그러겠다고 했습니다. 몇 년이 지나 악마가 다시 찾아왔을 때는 의사가 된 둘째 아들이 아버지를 몇 년만 더 살게 해 달라고 간청했습니다. 악마는 또 부탁을 들어주었습니다. 세 번째로 악마가 찾아오자 변호사가 된 막내아들이 악마에게 말했습니다.

　"당신이 우리 아버지를 데려가는 걸 두 번이나 미뤄

 준 것을 잘 알고 있습니다. 또다시 그렇게 해 줄 것이라고는 기대하지 않습니다. 다만, 저 탁자 위의 짤막한 양초가 남아 있는 동안만이라도 아버지를 살려 주시면 안 될까요? 우리에게 작별 인사 할 시간 정도는 주실 수 있겠지요?"

 악마는 탁자 위에 켜진 작은 양초를 보고는 그러마고 대답했습니다. 그날 밤 늙은 아버지는 죽지 않았고, 앞으로도 악마가 아버지의 영혼을 데려가지 못하리라는 건 분명했습니다.

 이유가 무엇일까요?

생각의 사다리

변호사는 탁자 쪽으로 가더니 훅 불어서 촛불을 꺼 버렸습니다. 양초가 영원히 그대로 남아 있도록 말이지요. 변호사는 '양초가 남아 있는 동안'이라고 했지, '양초가 타고 있는 동안'이라고 말하지는 않았으니까요.

왕이건 농부이건 자신의 가정에 평화를 찾아낼 수 있는 자가 가장 행복한 인간이다. – 괴테

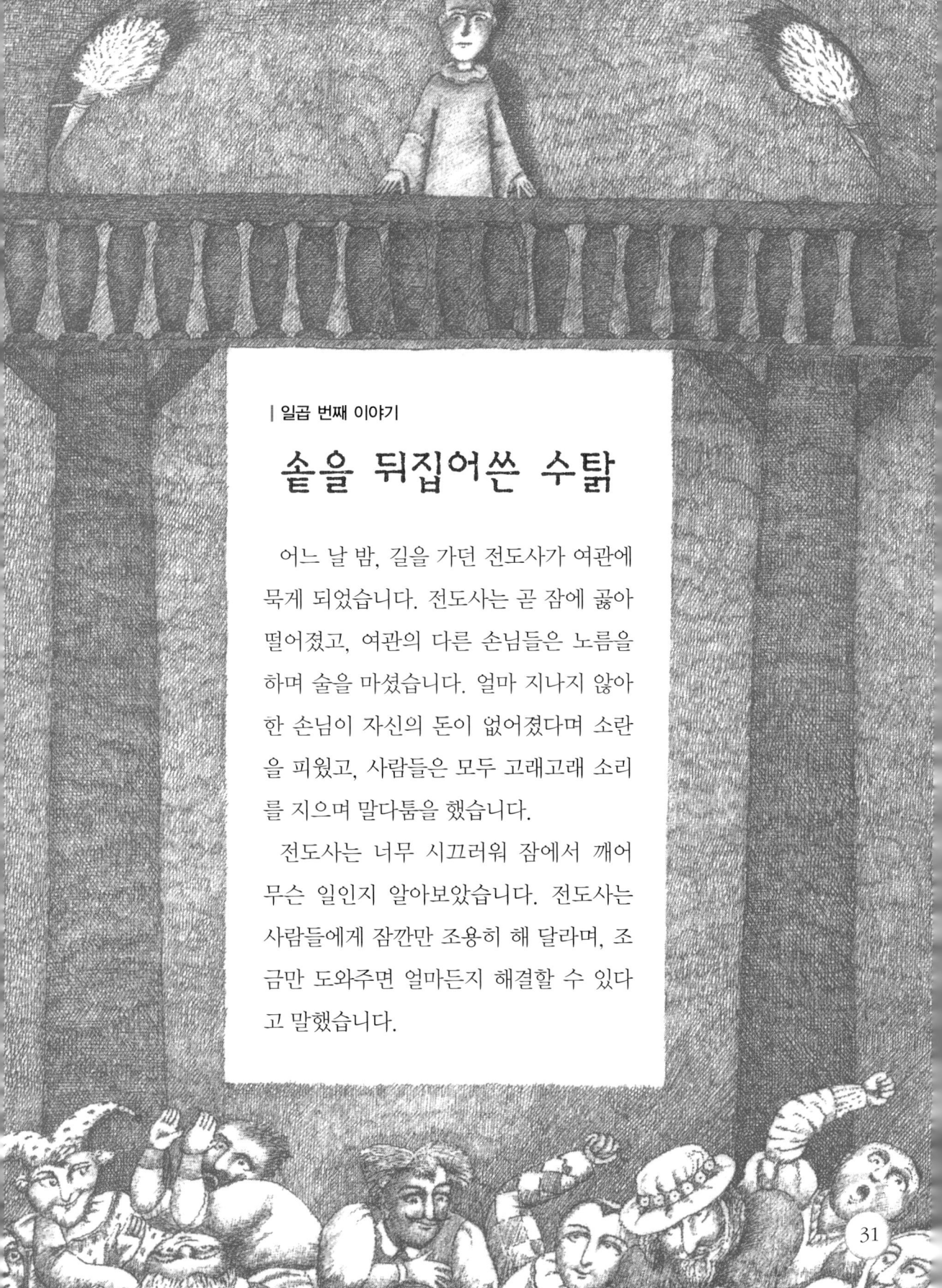

| 일곱 번째 이야기

솥을 뒤집어쓴 수탉

어느 날 밤, 길을 가던 전도사가 여관에 묵게 되었습니다. 전도사는 곧 잠에 곯아떨어졌고, 여관의 다른 손님들은 노름을 하며 술을 마셨습니다. 얼마 지나지 않아 한 손님이 자신의 돈이 없어졌다며 소란을 피웠고, 사람들은 모두 고래고래 소리를 지으며 말다툼을 했습니다.

전도사는 너무 시끄러워 잠에서 깨어 무슨 일인지 알아보았습니다. 전도사는 사람들에게 잠깐만 조용히 해 달라며, 조금만 도와주면 얼마든지 해결할 수 있다고 말했습니다.

전도사는 사람들에게 수탉 한 마리와 벽난로에 있는 커다란 낡은 솥을 갖다 달라고 했습니다. 그러더니 수탉에게 솥을 뒤집어씌우고 벽난로 문을 닫은 뒤, 방 안의 불이란 불은 모조리 다 꺼 버렸습니다.
"솥을 뒤집어쓴 수탉은 늘 도둑을 잡아 주었지요."
전도사가 말했습니다.
"여러분, 모두 한 사람씩 나와서 이 솥에 손을 대십시오. 도둑이 손을 대면 수탉이 울 겁니다. 그러면 바로 그 자리에서 도둑을 잡을 수 있지요."
방 안은 깜깜했습니다. 사람들이 더듬거리며 나와 솥을 만졌지만 꼬끼오 소리는 들리지 않았습니다. 그러자 전도사가 말했습니다.
"죄송합니다. 아마도 닭이 병이 들었나 봅니다. 불을 켜 주십시오. 벽난로도 다시 지펴 주시고요."
방 안이 밝아지자, 전도사는 누가 돈을 가져갔는지 금세 알아차렸습니다.
어떻게 알았을까요?

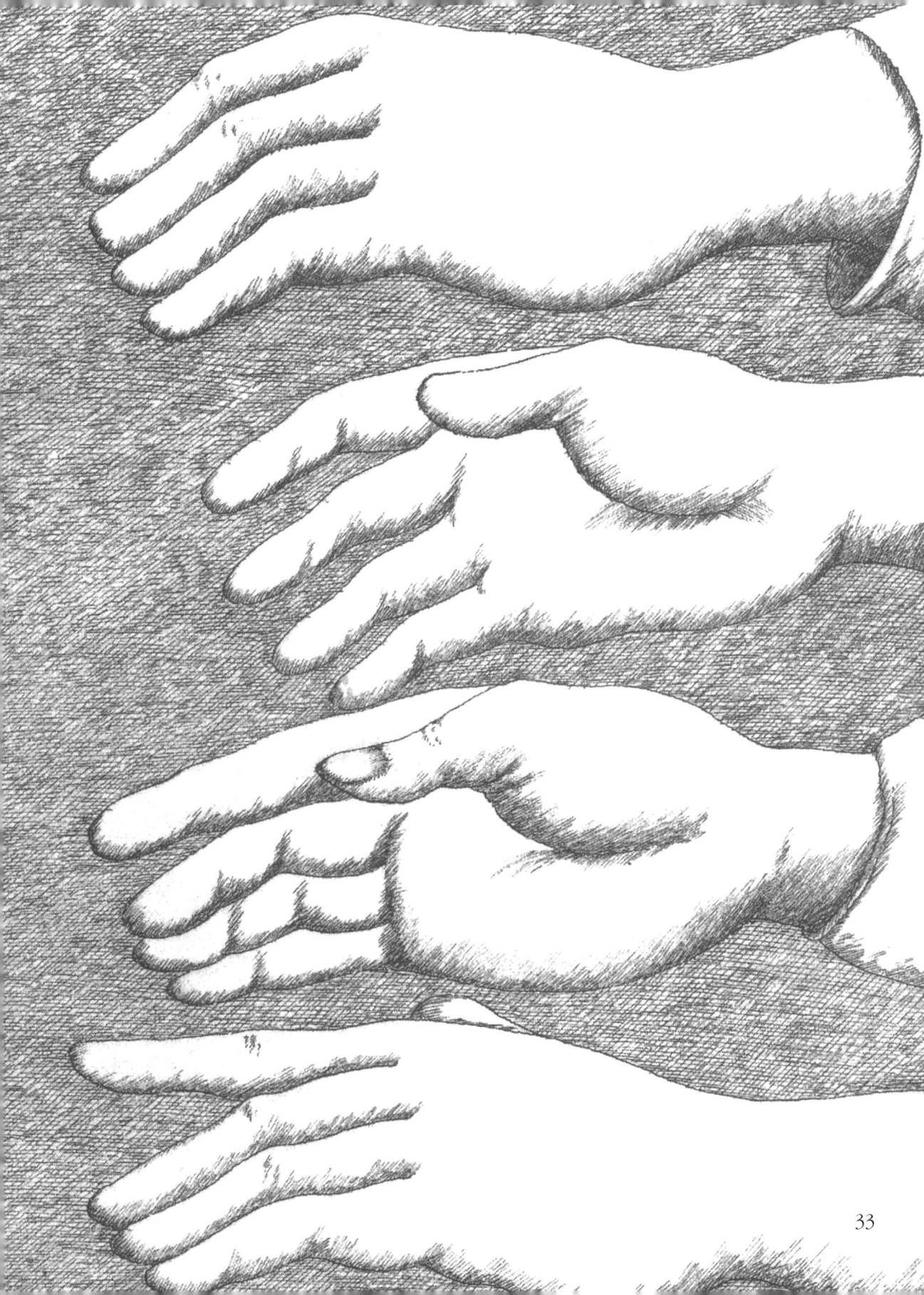

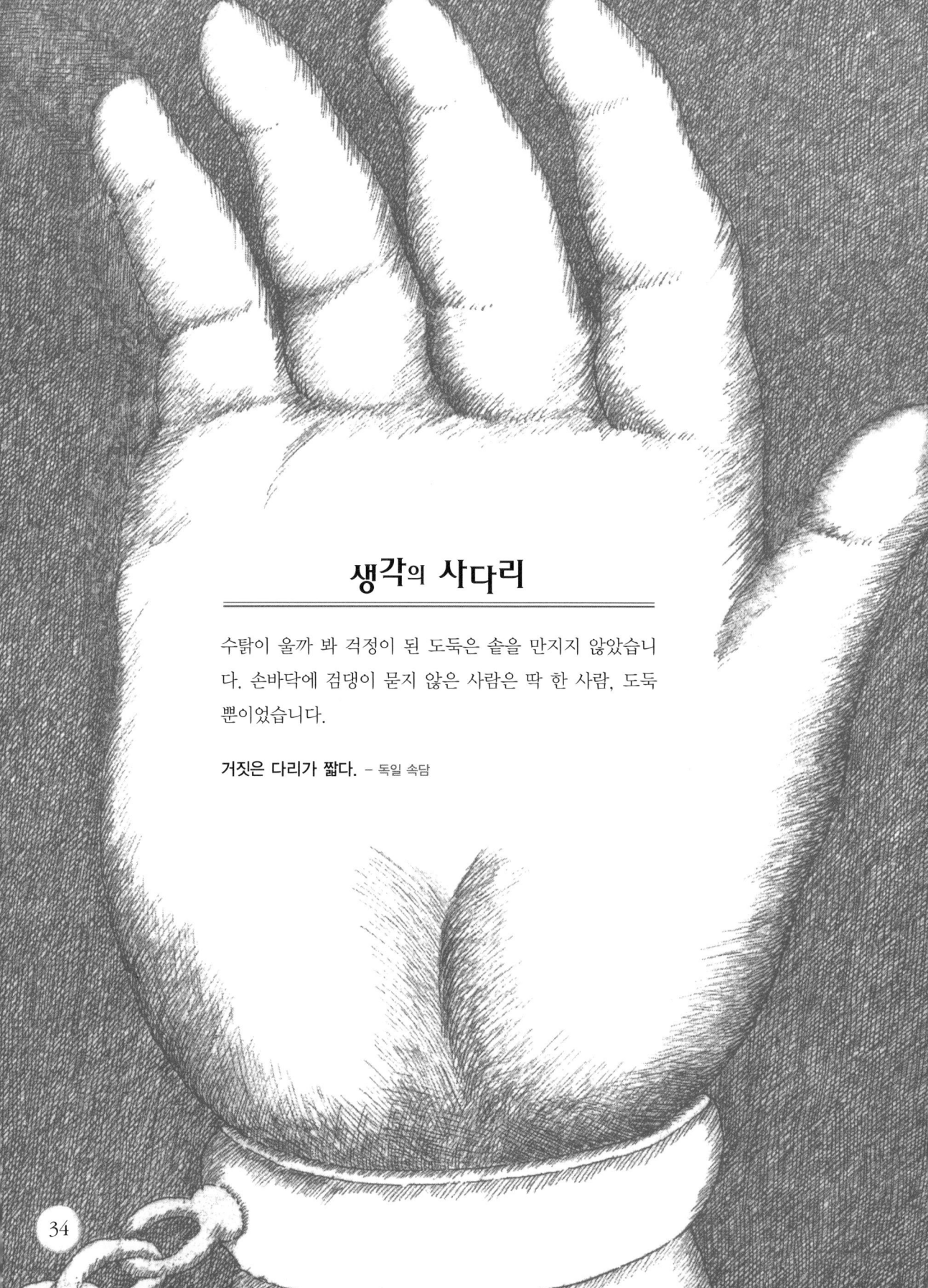

생각의 사다리

수탉이 울까 봐 걱정이 된 도둑은 솥을 만지지 않았습니다. 손바닥에 검댕이 묻지 않은 사람은 딱 한 사람, 도둑뿐이었습니다.

거짓은 다리가 짧다. – 독일 속담

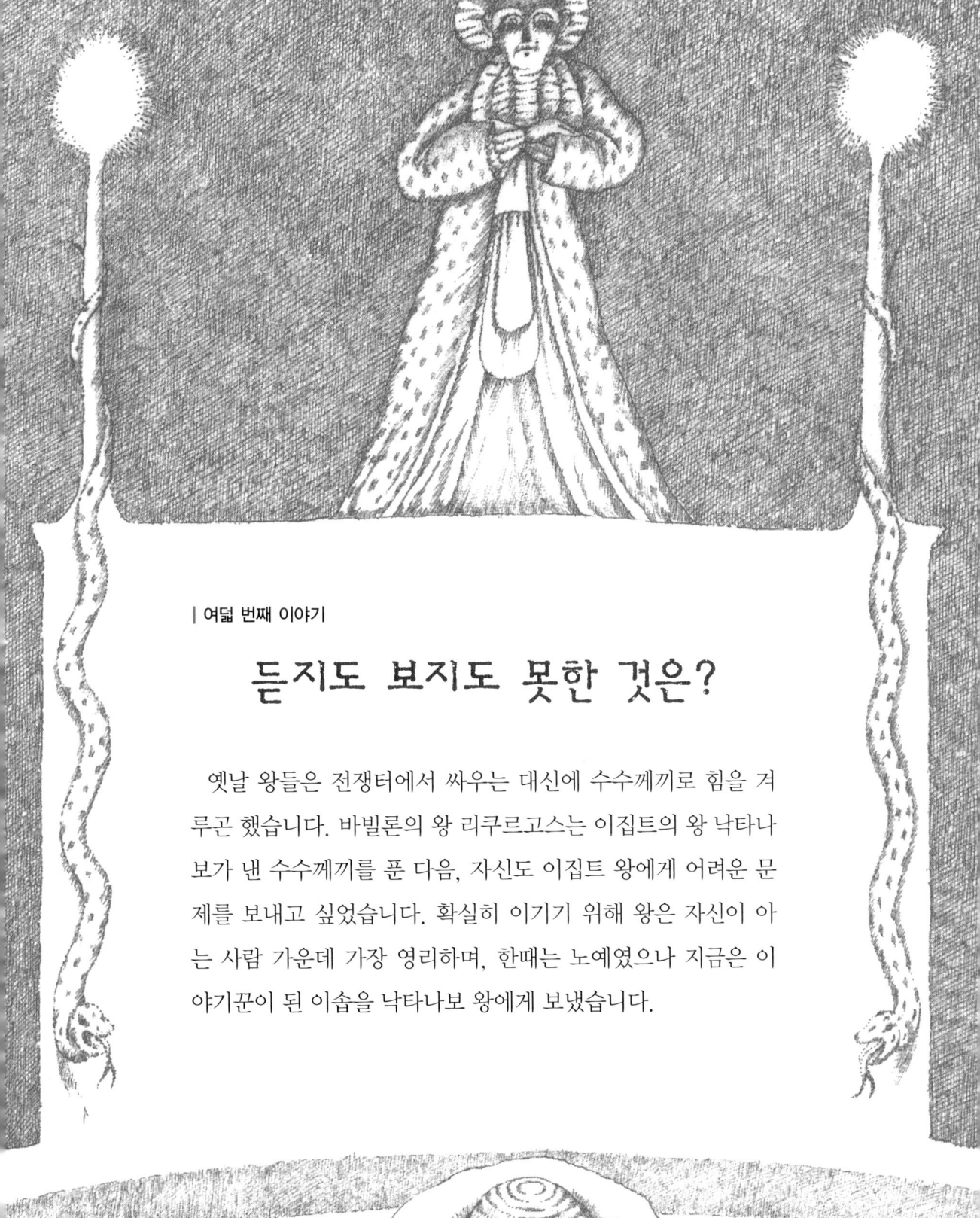

| 여덟 번째 이야기

듣지도 보지도 못한 것은?

 옛날 왕들은 전쟁터에서 싸우는 대신에 수수께끼로 힘을 겨루곤 했습니다. 바빌론의 왕 리쿠르고스는 이집트의 왕 낙타나보가 낸 수수께끼를 푼 다음, 자신도 이집트 왕에게 어려운 문제를 보내고 싶었습니다. 확실히 이기기 위해 왕은 자신이 아는 사람 가운데 가장 영리하며, 한때는 노예였으나 지금은 이야기꾼이 된 이솝을 낙타나보 왕에게 보냈습니다.

 이솝은 낙타나보 왕이 내준 문제들을 쉽게 풀었지만, 왕은 이솝을 보내 주지 않았습니다. 왕은 이솝이 리쿠르고스 왕에게 줄 선물이 아니라, 망신을 당해서 패배감을 안고 돌아가길 바랐습니다. 왕이 끝없이 수수께끼를 냈지만 이솝은 모두 가뿐하게 풀어 버렸습니다. 드디어 낙타나보 왕은 이솝에게 불가능한 임무를 내렸습니다.

 "내가 한 번도 본 적도 없고 들은 적도 없는 것을 가져온다면 너의 왕에게 선물로 천 달러를 보내겠다. 하지만 만약 실패한다면 너는 너의 왕과 너의 패배를 인정하고 떠나야 한다."

 이솝은 왕이 본 적도, 들은 적도 없을 정도로 귀한 물건이 무엇인지 찾아보겠다며 삼 일만 달라고 간청했습니다. 낙타나보 왕도 그러마고 했습니다. 왕은 이솝이 무엇을 가져오든 본 적이 있다고 말할 셈이었습니다. 왕은 자신의 신하들에게도 본 적이 있다고 말하라고 명령했습니다.

마침내 이솝이 돌아와 낙타나보 왕에게 쪽지 하나를 주었습니다. 왕과 신하들은 미리 짜 놓았던 대로 말했습니다.

"우리는 그것을 본 적이 있다. 그것이 뭔지 잘 알고 있다. 너는 졌어."

"그거 잘됐군요. 그럼 우리 리쿠르고스 왕에게 선물로 드릴 천 달러를 받을 수 있겠군요."

"아니야! 나는 이 쪽지를 본 적이 없다."

"좋습니다. 그럼 제가 시험에 통과했으니 우리 왕에게 선물로 드릴 천 달러를 주십시오."

낙타나보 왕과 왕의 신하들은 아무 말도 하지 못했습니다. 왕이 그 쪽지를 본 적이 있다고 해도 리쿠르고스 왕에게 천 달러를 줘야 했고, 본 적이 없다고 해도 천 달러를 줘야 했습니다.

이솝은 쪽지에 뭐라고 적은 걸까요?

생각의 사다리

"나, 낙타나보 왕은
이솝에게 상처를 입혔으므로
리쿠르고스 왕에게
천 달러의
빚이 있다."
– 낙타나보 왕

역경은 사람을 부유하게 하지는 않으나 지혜롭게 한다.
– 풀러

| 아홉 번째 이야기

승려와 은행가

한 승려가 아내와 함께 성지 순례를 떠나기로 했습니다. 가진 돈이라고는 700루피밖에 없었지만 잃어버리고 싶지 않아서 은행가인 친구에게 맡아 달라고 했습니다. 그 친구는 전에도 몇 번이나 돈을 맡지 않겠다고 했기 때문에, 승려는 영수증을 달라고 하는 건 친구를 모욕하는 일이라고 여겼습니다.

여행은 잘 끝났습니다. 하지만 승려와 아내가 집으로 돌아와 돈을 돌려 달라고 하

자, 은행가 친구는 그들이 아무것도 맡긴 적이 없다고 잡아 뗐습니다. 승려는 날마다 은행가를 찾아가 자신의 돈을 달라고 했지만, 그때마다 은행가는 승려한테 돈을 받은 적이 없다고 했습니다.

그날도 승려가 은행가를 찾아갔다가 울면서 집으로 돌아가고 있는데, 어느 부유한 상인의 아내가 승려의 울음소리를 들었습니다. 승려가 무엇 때문에 우는지 알게 된 상인의 아내는 재빨리 돈을 찾을 방법을 생각해 냈습니다. 그리고 승려에게 다음 날 자기가 말한 시간에 은행가에게 가 돈을 달라고 하라 했습니다. 자기도 거기 있을 것이지만 자기를 아는 척하지 말라는 말도 덧붙였습니다.

다음 날, 상인의 아내는 승려가 오기 몇 분 전에 먼저 은행가를 찾아갔습니다. 그러고는 자신의 보석을 맡아 달라고 말했습니다. 남편이 장사를 하러 멀리 갔는데 몇 주 동안이나 소식이 없다며 남편을 찾으러 가야 한다고 말입니다. 바로 그때 승려가 도착해 은행가에게 돈을 달라고 했고, 은행가는 얼른 돈을 주었습니다. 잠깐 뒤 하녀가 들어오더니 상인이 방금 돌아왔다고 말했습니다. 상인의 아내가 여행을 떠나지 않아도 된다는 뜻이었지요. 그녀는 보석을 맡기지 않았고, 승려는 돈을 가지고 집으로 돌아갔습니다.

상인의 아내는 어떻게 은행가가 마음을 바꿀 것이라고 생각했던 것일까요?

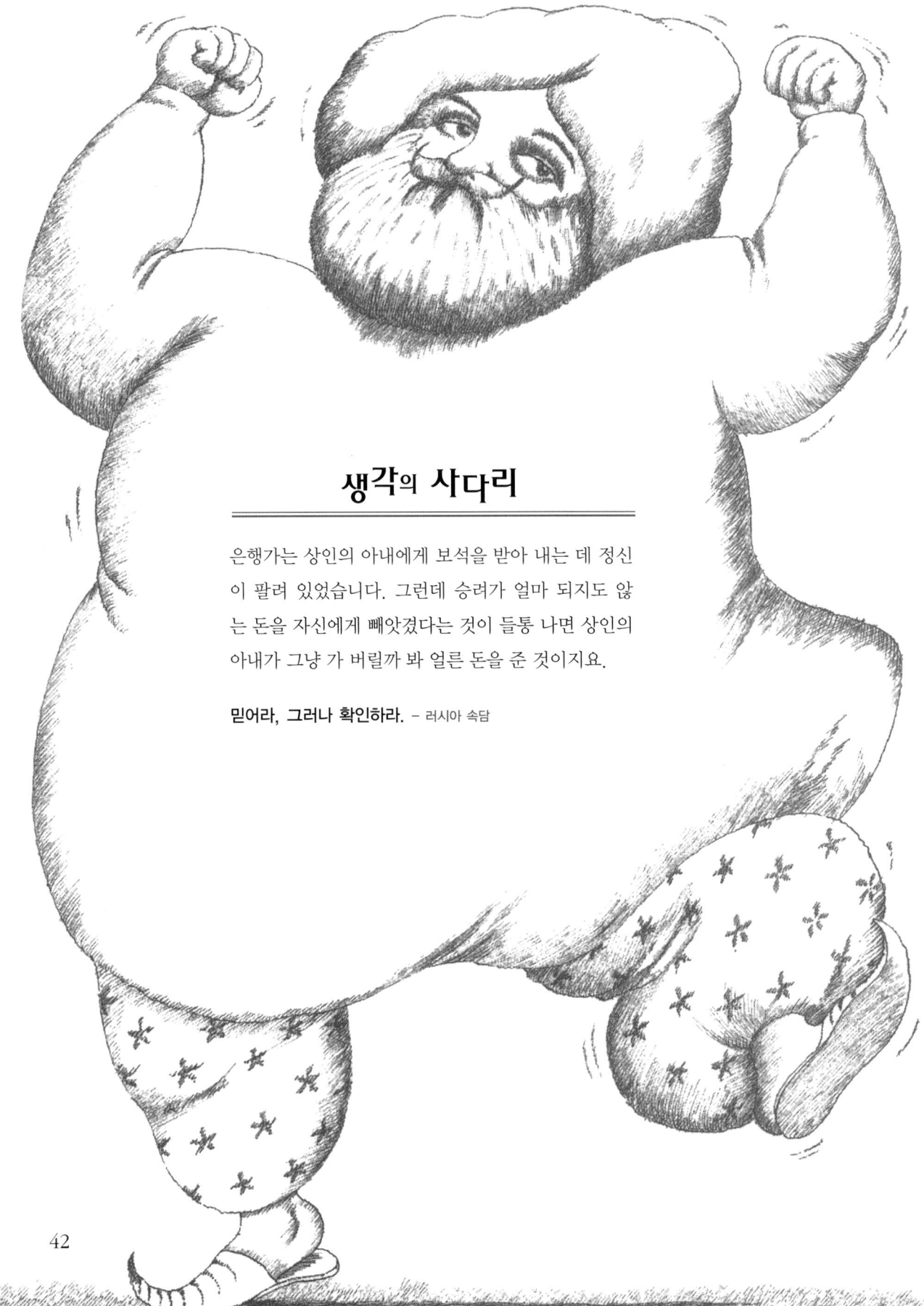

생각의 사다리

은행가는 상인의 아내에게 보석을 받아 내는 데 정신이 팔려 있었습니다. 그런데 승려가 얼마 되지도 않는 돈을 자신에게 빼앗겼다는 것이 들통 나면 상인의 아내가 그냥 가 버릴까 봐 얼른 돈을 준 것이지요.

믿어라, 그러나 확인하라. – 러시아 속담

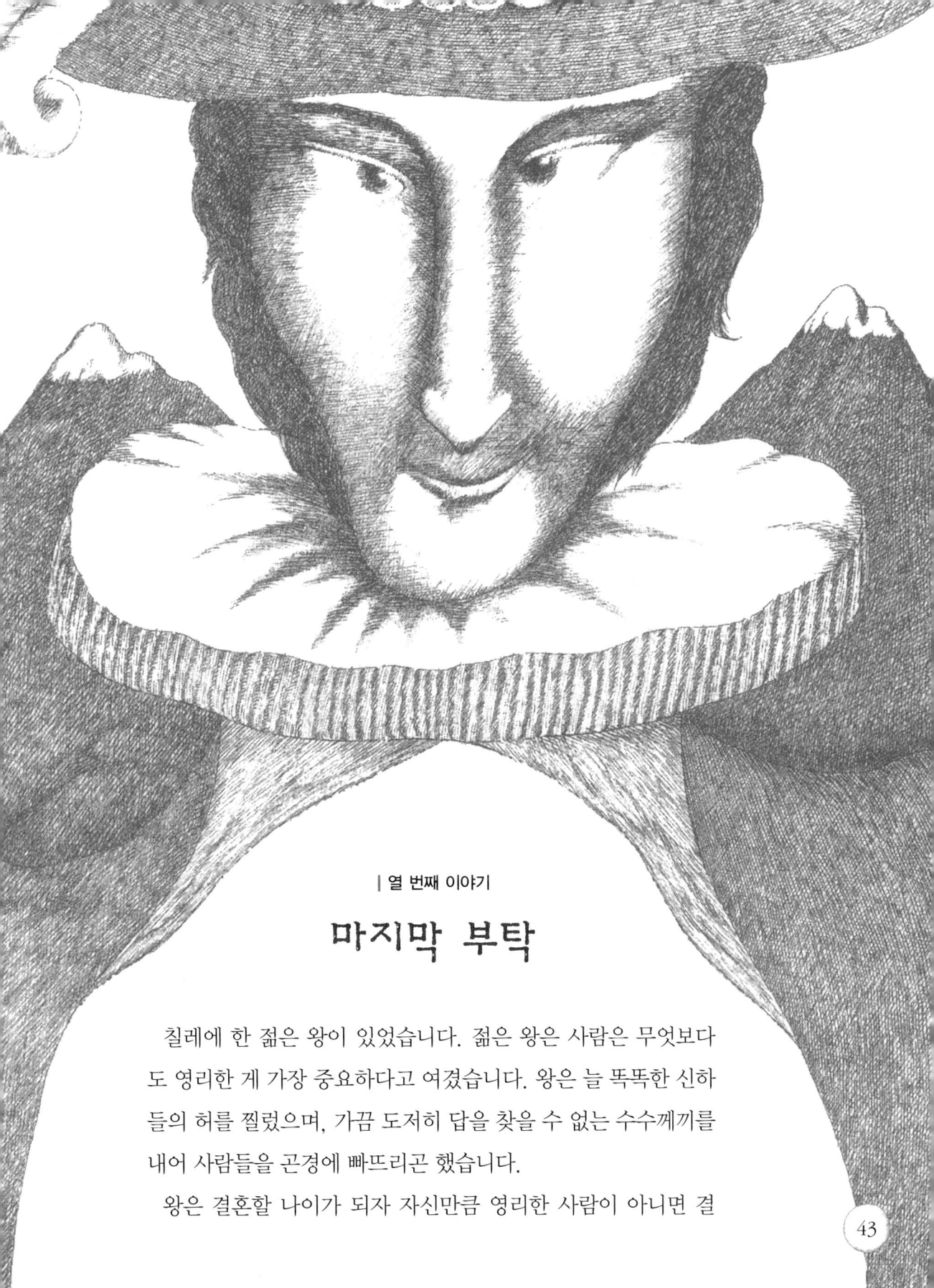

| 열 번째 이야기

마지막 부탁

    칠레에 한 젊은 왕이 있었습니다. 젊은 왕은 사람은 무엇보다도 영리한 게 가장 중요하다고 여겼습니다. 왕은 늘 똑똑한 신하들의 허를 찔렀으며, 가끔 도저히 답을 찾을 수 없는 수수께끼를 내어 사람들을 곤경에 빠뜨리곤 했습니다.

    왕은 결혼할 나이가 되자 자신만큼 영리한 사람이 아니면 결

혼하지 않겠다고 말했습니다. 그러고는 어디를 가든지 여자들에게 똑같은 수수께끼를 내었습니다.

"바질*을 심고 잘 돌본다면 잎이 몇 개나 나겠는가?"

답을 모르는 젊은 여자들은 부끄러워하며 왕을 피해 다녔습니다. 왕이 까르멜리따에게 수수께끼를 내기 전까지는 말이지요. 까르멜리따는 젊은 왕의 눈을 바라보며 이렇게 말했습니다.

"바다에 물고기가 몇 마리나 있는지 알려 주시면 저도 알려 드리죠."

이번에는 젊은 왕이 대답하지 못하고 부끄러워하며 떠났습니다. 하지만 왕은 까르멜리따의 영리함에 감탄했고, 그 다음 주에 까르멜리따가 다시 왕의 수수께끼를 풀어내자 영리한 까르멜리따와 결혼하기로 마음먹었습니다. 까르멜리따는 자신이 죽을 때가 되었을 때 마지막 부탁을 들어주는 조건으로 왕의 청혼을 받아들이겠다고 했습니다. 왕은 조건을 받아들였고, 마지막 부탁을 종이에 써서 서명을 하고 봉했습니다.

까르멜리따는 곧 온 나라 사람들의 사랑을 받았습니다. 사람들의 어려움을 잘 해결해 주었고, 남편인 왕이 공정하지 못한 결정을 내렸을 때는 왕이 마음을 바꾸도록 충고하기도 했습니다. 젊은 왕은 늘 아내의 영리함을 자랑스럽게 생각했습니다. 하지만 어느 날 까르멜리따가 사람들 앞에서 왕의 잘못을 밝혀내자 몹시 화가 났습니다.

"감히 나를 웃음거리로 만들다니 당신에게 죽음을 내리겠소."

까르멜리따는 이에 맞서지 않고 마지막 부탁을 들어주기로 약속했던 것만 일깨워 주었습니다. 마지막 부탁은 딱 한 줄이었지만 왕은 그 부탁을 읽고 나자 까르멜리따를 용서했습니다. 그리고 껄껄 웃으며 그녀를 꼭 안아 주었습니다.

까르멜리따의 마지막 부탁은 무엇이었을까요?

*바질 : 요리에 많이 쓰는 향기나는 풀.

생각의 사다리

까르멜리따의 마지막 부탁은 이것이었습니다.
"내가 죽을 때 사랑하는 남편도 함께 죽게 해 주세요."
웅변의 목적은 진리를 밝히는 것이 아니라 설득하는 것이다. - 마코레

| 열한 번째 이야기

허를 찔린 왕

옛날 에티오피아에서 성직자나 마을 훈장이 되려고 공부하는 남자들은 가장 영리하거나 가장 가난한 사람이었습니다. 그들은 아무것도 가질 수 없었고, 공부를 하기 위해서 수도사와 함께 나라 이곳저곳을 떠돌아다니며 겨우 겨우 먹고 살았습니다.

그러던 어느 날, 왕은 나라에 있는 도둑이란 도둑은 모두 잡아들이고, 도둑이 될 가능성이 있는 사람까지도 잡아들이기로 마음먹

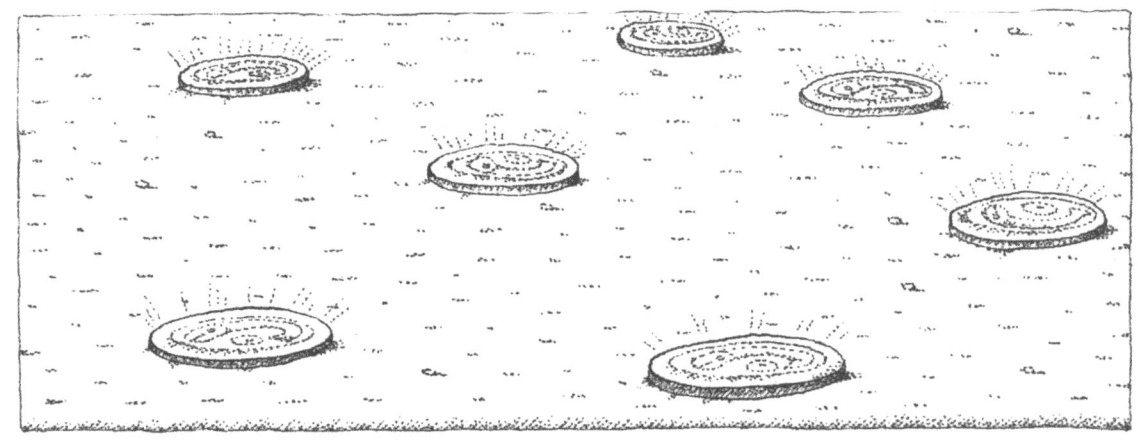

었습니다. 왕은 성직자나 마을 훈장이 되려고 공부하는 학생은 늘 돈이 부족하다는 걸 알고 있었기 때문에 그들을 모두 궁으로 불러들였습니다. 그러고는 일부러 마당 여기저기에 금화를 떨어뜨려 놓기로 했습니다. 다음 날 아침 학생들이 마당을 지나갈 때 누구라도 금화를 줍기만 하면 체포할 생각이었습니다.

궁궐에 모인 학생들이 마당을 지나갔습니다. 아무도 금화를 주우려고 허리를 굽히지 않았는데도 그들이 지나가고 나니 금화가 모조리 없어졌습니다.

왕은 금화를 가져간 사람을 잡으려고 밤에 학생들을 모두 잔치에 초대하였습니다. 음식과 술이 가득 차려졌고 왕의 첩자도 곳곳에 있

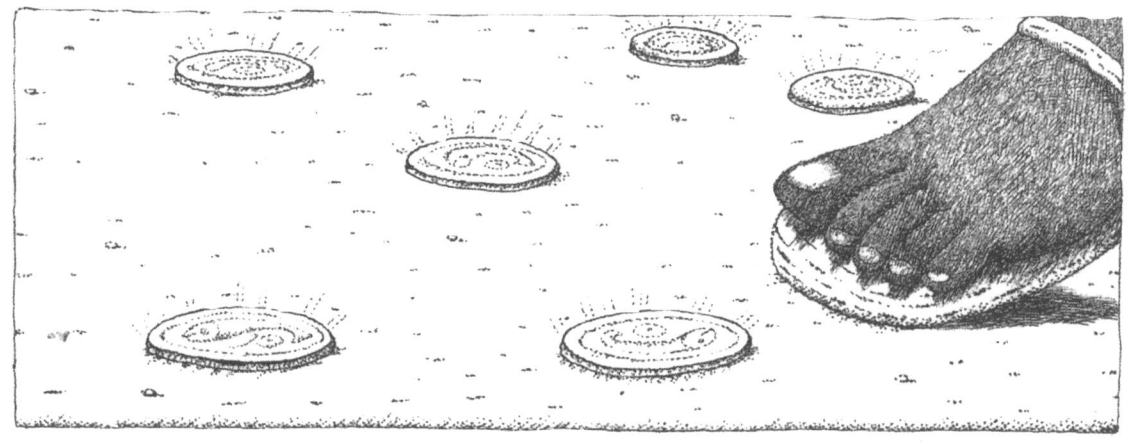

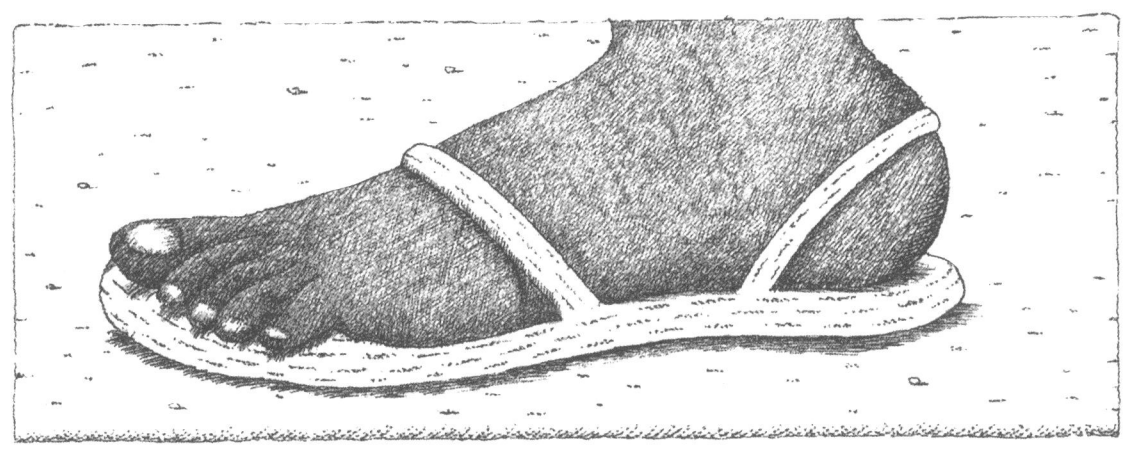

었습니다. 첩자들은 금화를 훔쳤다고 떠벌리는 학생을 발견하면, 밤에 그 학생이 잠들었을 때 팔에 몰래 표시를 해 놓기로 했습니다. 그러면 다음 날 아침 그들이 떠날 때, 팔에 해 놓은 표시를 보고서 왕이 도둑을 잡을 수 있을 테니 말입니다.

한 학생이 신발 바닥에 왁스를 칠해서 금화를 붙여 왔다고 자랑하는 것을 첩자가 들었습니다. 첩자는 그 학생이 잘 때 팔뚝에 표시를 몰래 해 두었습니다. 다음 날 아침, 왕은 학생들이 걸어갈 때 팔에 표시가 있는 사람을 봤습니다. 하지만 누가 금화를 가져갔는지는 알 수가 없었습니다.

왜 그랬을까요?

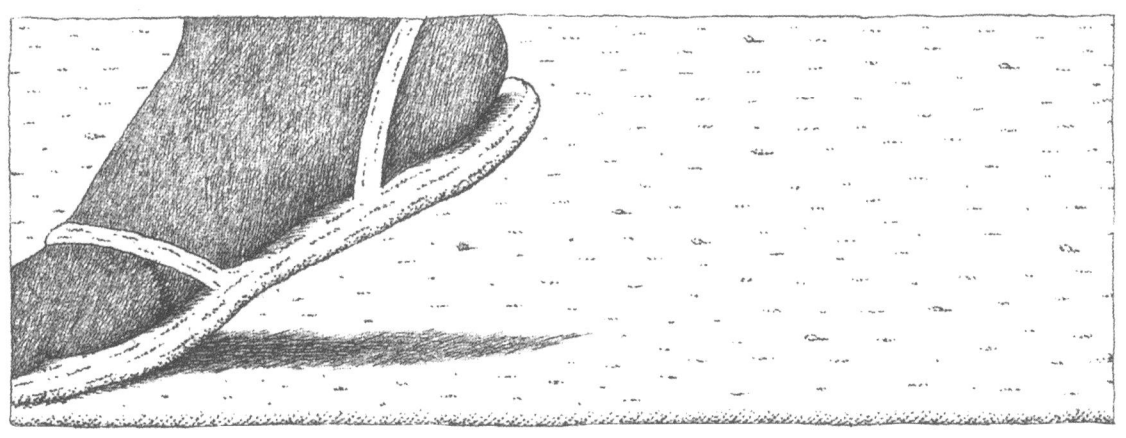

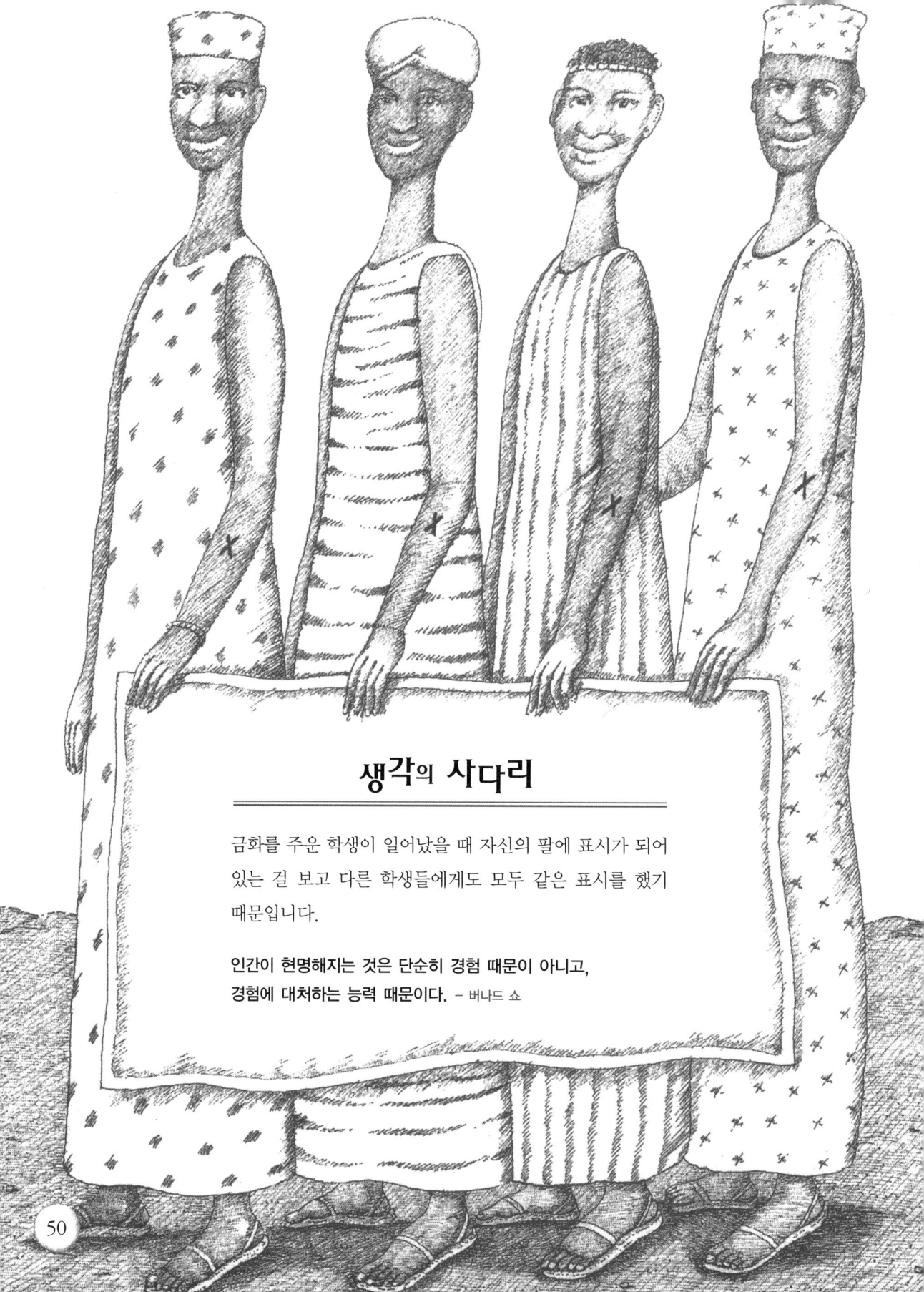

생각의 사다리

금화를 주운 학생이 일어났을 때 자신의 팔에 표시가 되어 있는 걸 보고 다른 학생들에게도 모두 같은 표시를 했기 때문입니다.

인간이 현명해지는 것은 단순히 경험 때문이 아니고, 경험에 대처하는 능력 때문이다. - 버나드 쇼

| 열두 번째 이야기

해돋이

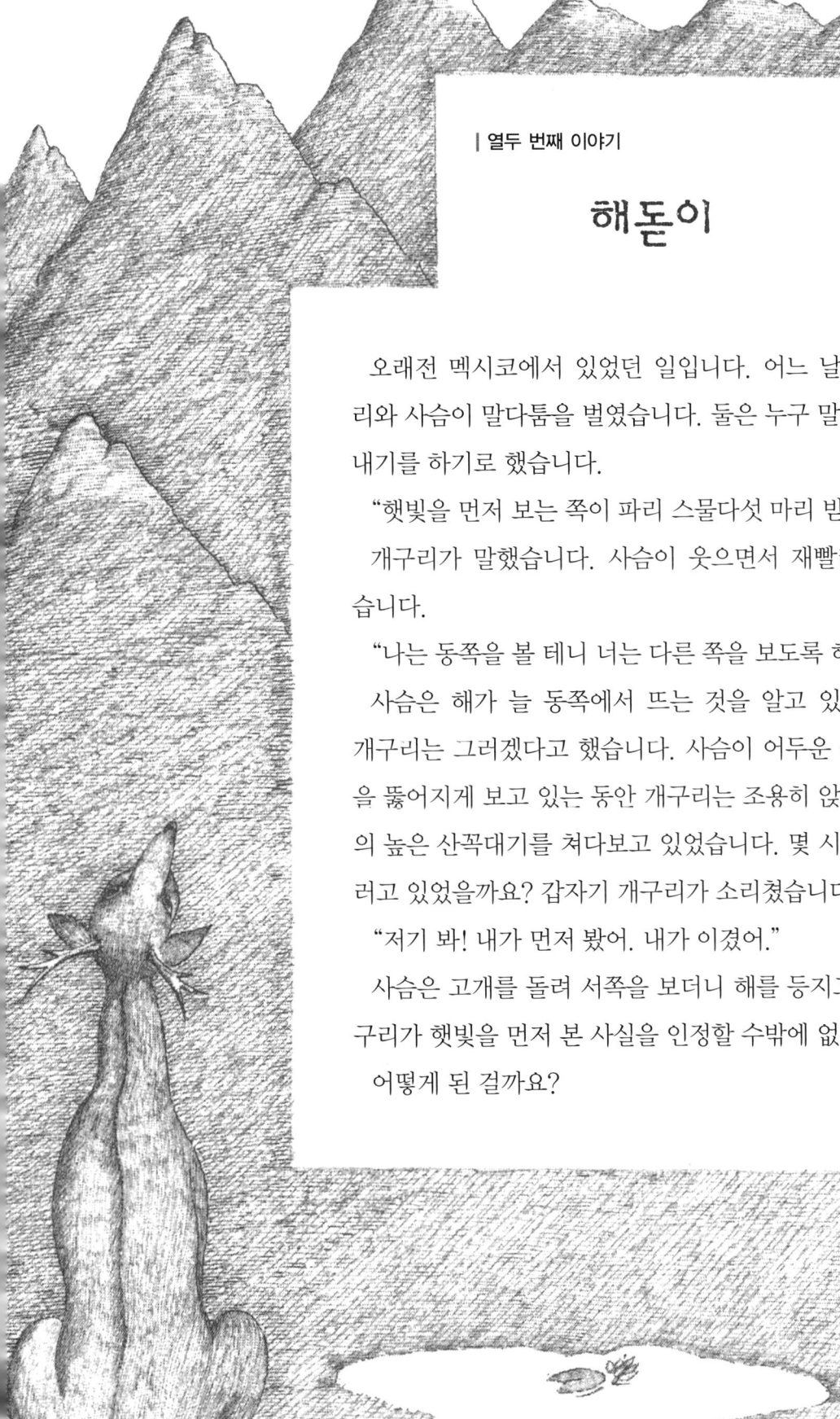

오래전 멕시코에서 있었던 일입니다. 어느 날 밤, 개구리와 사슴이 말다툼을 벌였습니다. 둘은 누구 말이 맞는지 내기를 하기로 했습니다.

"햇빛을 먼저 보는 쪽이 파리 스물다섯 마리 받기."

개구리가 말했습니다. 사슴이 웃으면서 재빨리 맞받았습니다.

"나는 동쪽을 볼 테니 너는 다른 쪽을 보도록 해."

사슴은 해가 늘 동쪽에서 뜨는 것을 알고 있었습니다. 개구리는 그러겠다고 했습니다. 사슴이 어두운 동쪽 들판을 뚫어지게 보고 있는 동안 개구리는 조용히 앉아서 서쪽의 높은 산꼭대기를 쳐다보고 있었습니다. 몇 시간이나 그러고 있었을까요? 갑자기 개구리가 소리쳤습니다.

"저기 봐! 내가 먼저 봤어. 내가 이겼어."

사슴은 고개를 돌려 서쪽을 보더니 해를 등지고 있던 개구리가 햇빛을 먼저 본 사실을 인정할 수밖에 없었습니다.

어떻게 된 걸까요?

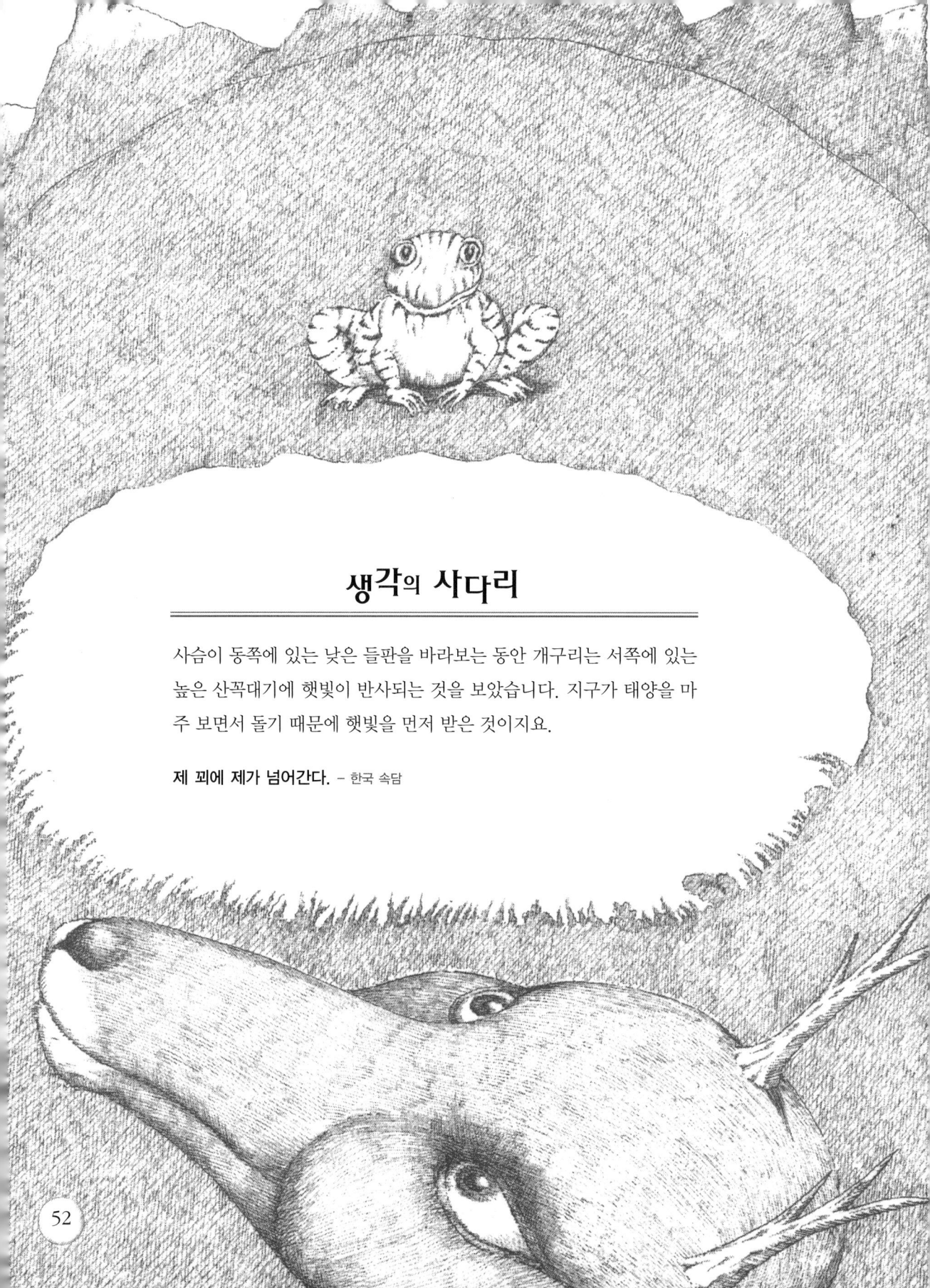

생각의 사다리

사슴이 동쪽에 있는 낮은 들판을 바라보는 동안 개구리는 서쪽에 있는 높은 산꼭대기에 햇빛이 반사되는 것을 보았습니다. 지구가 태양을 마주 보면서 돌기 때문에 햇빛을 먼저 받은 것이지요.

제 꾀에 제가 넘어간다. - 한국 속담

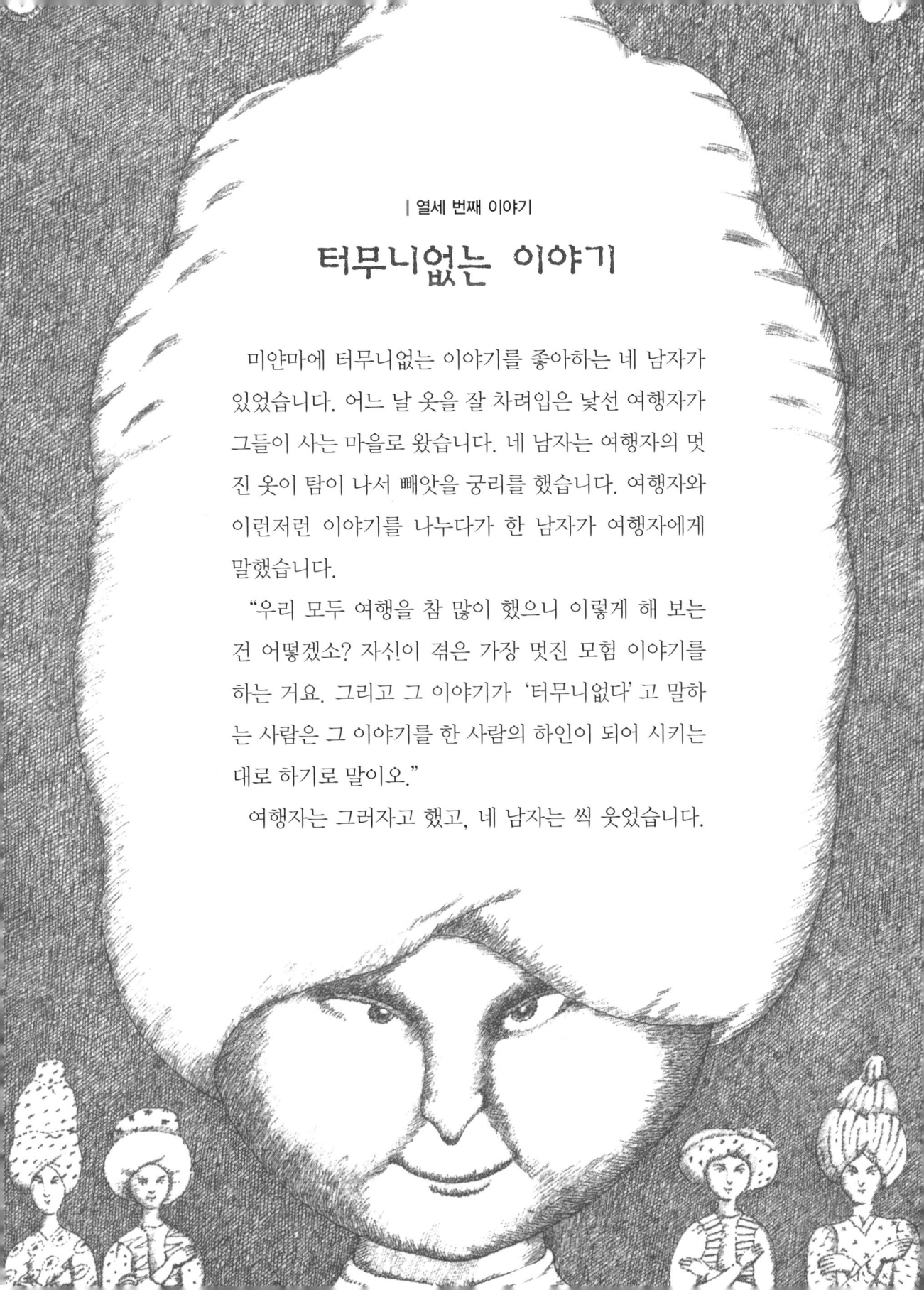

| 열세 번째 이야기

터무니없는 이야기

　미얀마에 터무니없는 이야기를 좋아하는 네 남자가 있었습니다. 어느 날 옷을 잘 차려입은 낯선 여행자가 그들이 사는 마을로 왔습니다. 네 남자는 여행자의 멋진 옷이 탐이 나서 빼앗을 궁리를 했습니다. 여행자와 이런저런 이야기를 나누다가 한 남자가 여행자에게 말했습니다.

　"우리 모두 여행을 참 많이 했으니 이렇게 해 보는 건 어떻겠소? 자신이 겪은 가장 멋진 모험 이야기를 하는 거요. 그리고 그 이야기가 '터무니없다'고 말하는 사람은 그 이야기를 한 사람의 하인이 되어 시키는 대로 하기로 말이오."

　여행자는 그러자고 했고, 네 남자는 씩 웃었습니다.

여행자가 자신들의 터무니없는 얘기를 믿을 턱이 없으니, 여행자가 자신들의 하인이 될 것이라고 확신했습니다.
 첫 번째 남자는 아버지도 올라가지 못할 정도로 키 큰 나무에, 태어나기도 전에 올라가서 어머니에게 줄 자두를 땄다고 이야기를 했습니다. 넷은 여행자가 터무니없다고 말하기를 기다렸지만 여행자는 그저 조용히 웃기만 했습니다.
 두 번째 남자는 나무 꼭대기에 올라가는 걸 너무 좋아해서 다른 사람 도움 없이 나무에서 내려올 수 있도록 마을에 가서 사다리를 가져왔다며, 그게 태어난 지 일주일 되었을 때라고 말했습니다. 네 남자는 다시 여행자가 터무니없다고 말하길 기다렸지만 여행자는 고개를 끄덕거리며 웃기만 했습니다.
 세 번째 남자가 한 살 때 호랑이를 잡아서 둘로 찢어 놓았다고 이야기해도, 네 번째 남자가 바다 밑으로 삼 일 동안 헤엄을 쳐서 산만큼 큰 물고기를 맨손으로 잡았다고 이야기해도 여행자는 도리어 믿는다고 말하기까지 했습니다.
 네 남자는 여행자가 자신들의 이야기를 모두 믿는다고 말하자 실망했습니다. 여행자를 하인으로 부릴 수도 없고, 옷을 달라고 말할 수도 없게 되었으니까요. 남은 것은 여행자가 아무리 터무니없는 이야기를 하더라도 그 이야기를 믿는다고 말하는 것뿐이었습니다.

"이제 당신 차례요. 멋진 모험 이야기를 해 보구려."

여행자가 이야기를 시작했습니다. 그리고 이야기가 끝났을 때 네 남자는 믿는다고 말하고도 자신들의 옷을 내놓아야 했습니다.

어떻게 된 걸까요?

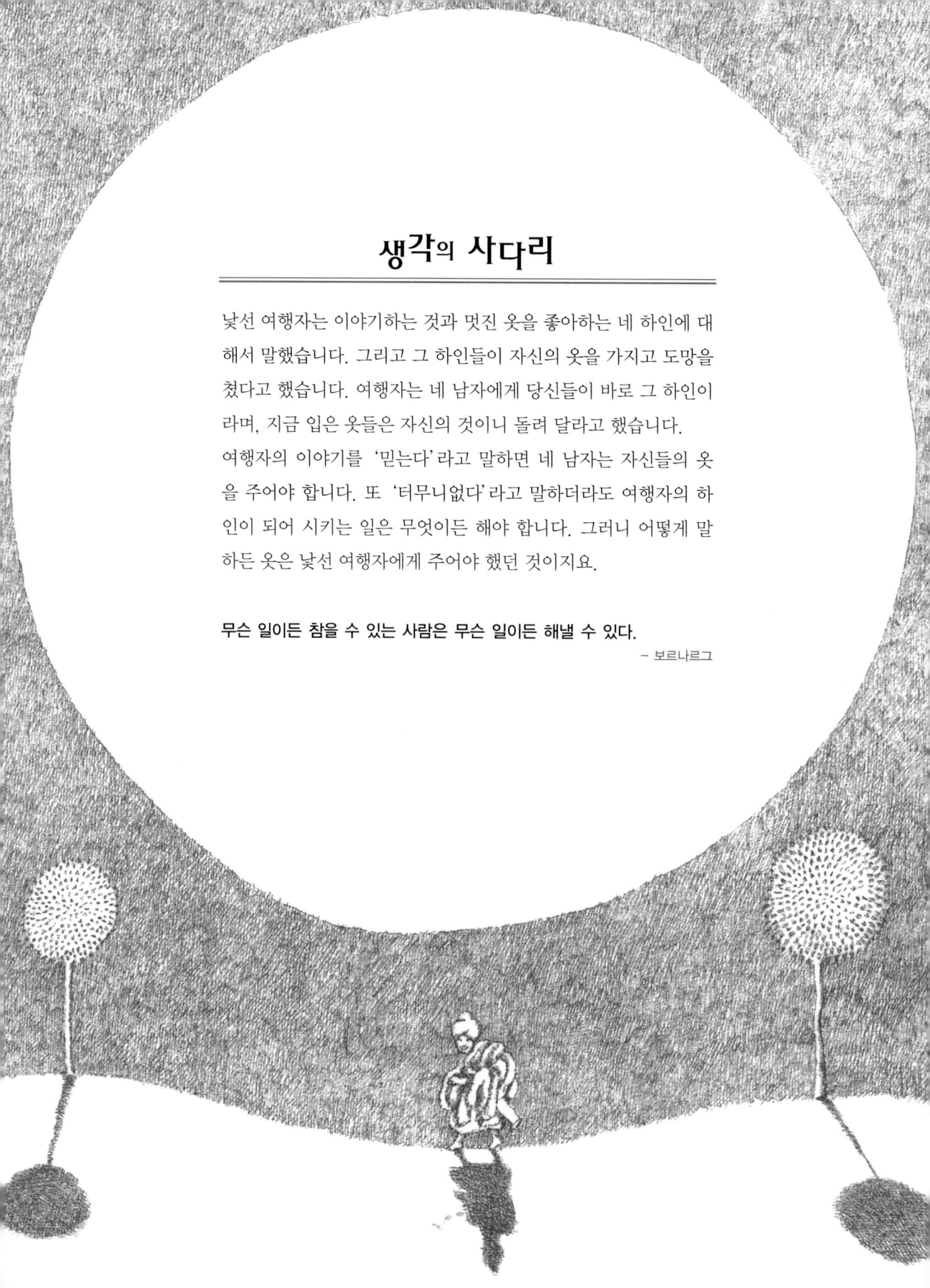

생각의 사다리

낯선 여행자는 이야기하는 것과 멋진 옷을 좋아하는 네 하인에 대해서 말했습니다. 그리고 그 하인들이 자신의 옷을 가지고 도망을 쳤다고 했습니다. 여행자는 네 남자에게 당신들이 바로 그 하인이라며, 지금 입은 옷들은 자신의 것이니 돌려 달라고 했습니다.
여행자의 이야기를 '믿는다'라고 말하면 네 남자는 자신들의 옷을 주어야 합니다. 또 '터무니없다'라고 말하더라도 여행자의 하인이 되어 시키는 일은 무엇이든 해야 합니다. 그러니 어떻게 말하든 옷은 낯선 여행자에게 주어야 했던 것이지요.

무슨 일이든 참을 수 있는 사람은 무슨 일이든 해낼 수 있다.

— 보르나르그

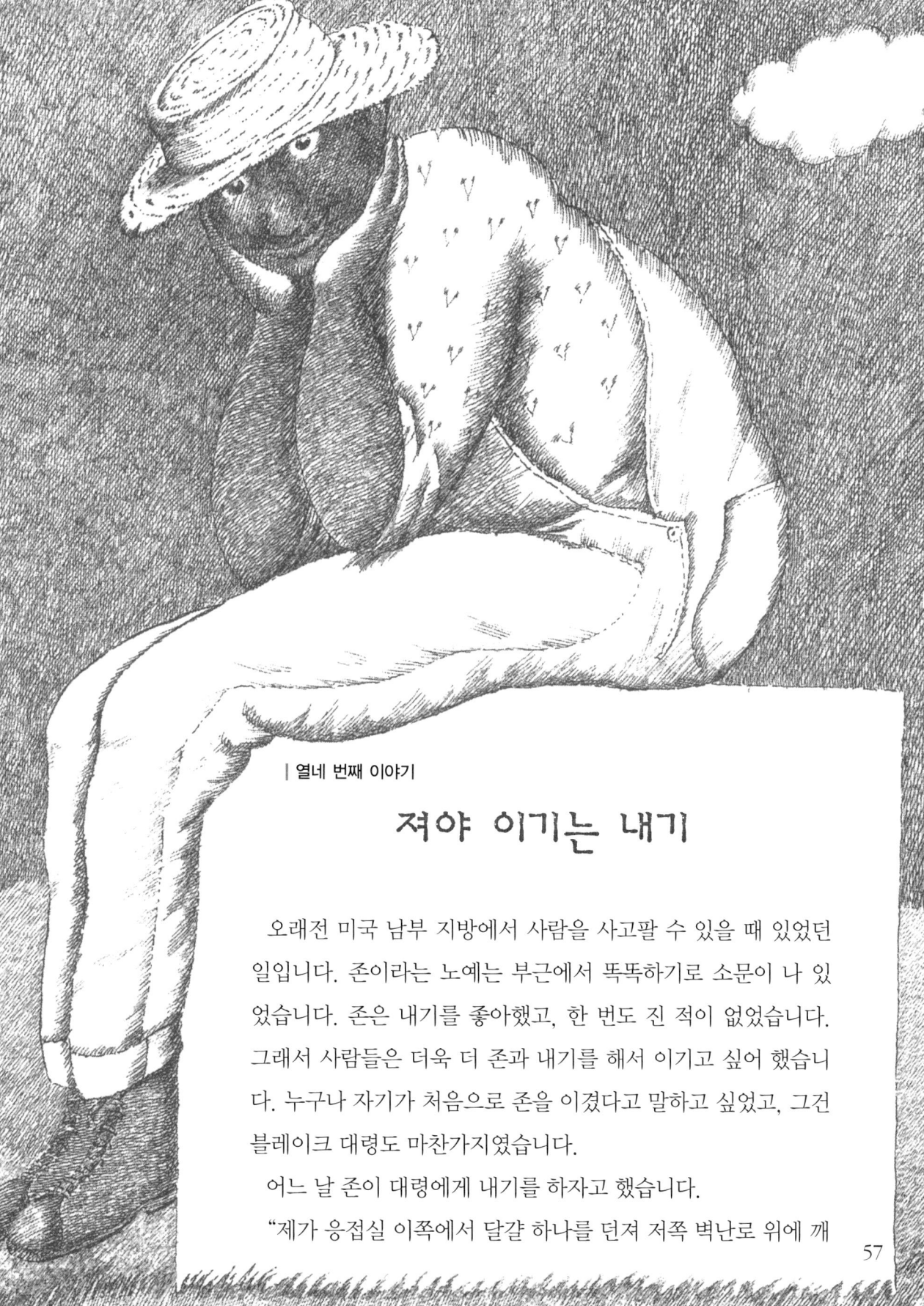

| 열네 번째 이야기

져야 이기는 내기

　오래전 미국 남부 지방에서 사람을 사고팔 수 있을 때 있었던 일입니다. 존이라는 노예는 부근에서 똑똑하기로 소문이 나 있었습니다. 존은 내기를 좋아했고, 한 번도 진 적이 없었습니다. 그래서 사람들은 더욱 더 존과 내기를 해서 이기고 싶어 했습니다. 누구나 자기가 처음으로 존을 이겼다고 말하고 싶었고, 그건 블레이크 대령도 마찬가지였습니다.
　어느 날 존이 대령에게 내기를 하자고 했습니다.
　"제가 응접실 이쪽에서 달걀 하나를 던져 저쪽 벽난로 위에 깨

뜨리지 않고 올려놓을 겁니다. 오십 달러를 걸지요. 제가 가진 돈 전부랍니다."

대령은 재빨리 그러자고 했습니다. 달걀을 던져서 깨뜨리지 않고 벽난로 위에 올려놓을 수 있는 사람은 없다고 생각했으니까요.

"열두 개를 던져도 괜찮네."

대령이 존에게 말했습니다. 존이 처음 던진 달걀은 벽난로 장식 모서리에 가서 부딪혔습니다. 두 번째는 장식 위에 세워진 촛대를 맞추었습니다. 세 번째 달걀은 깨지면서 벽난로 위에 걸린 그림을 더럽혔지만 대령은 그저 웃기만 했습니다. 존과 내기를 해서 이긴 첫 번째 사람이 될 것을 생각하니 행복하기만 했습니다. 존은 마침내 달걀 열두 개를 다 던졌습니다. 하지만 깨지지 않은 달걀은 하나도 없었습니다.

"내가 이긴 것 같네."

대령이 우쭐해서 웃으며 말했습니다.

"그렇군요. 분명히 그러네요."

존은 대령에게 오십 달러를 주었습니다. 하지만 그날 밤 침대로 갔을 때 존은 내기에서 이기고 받은 돈 오십 달러를 가지고 있었습니다.

이 돈은 어디서 난 걸까요?

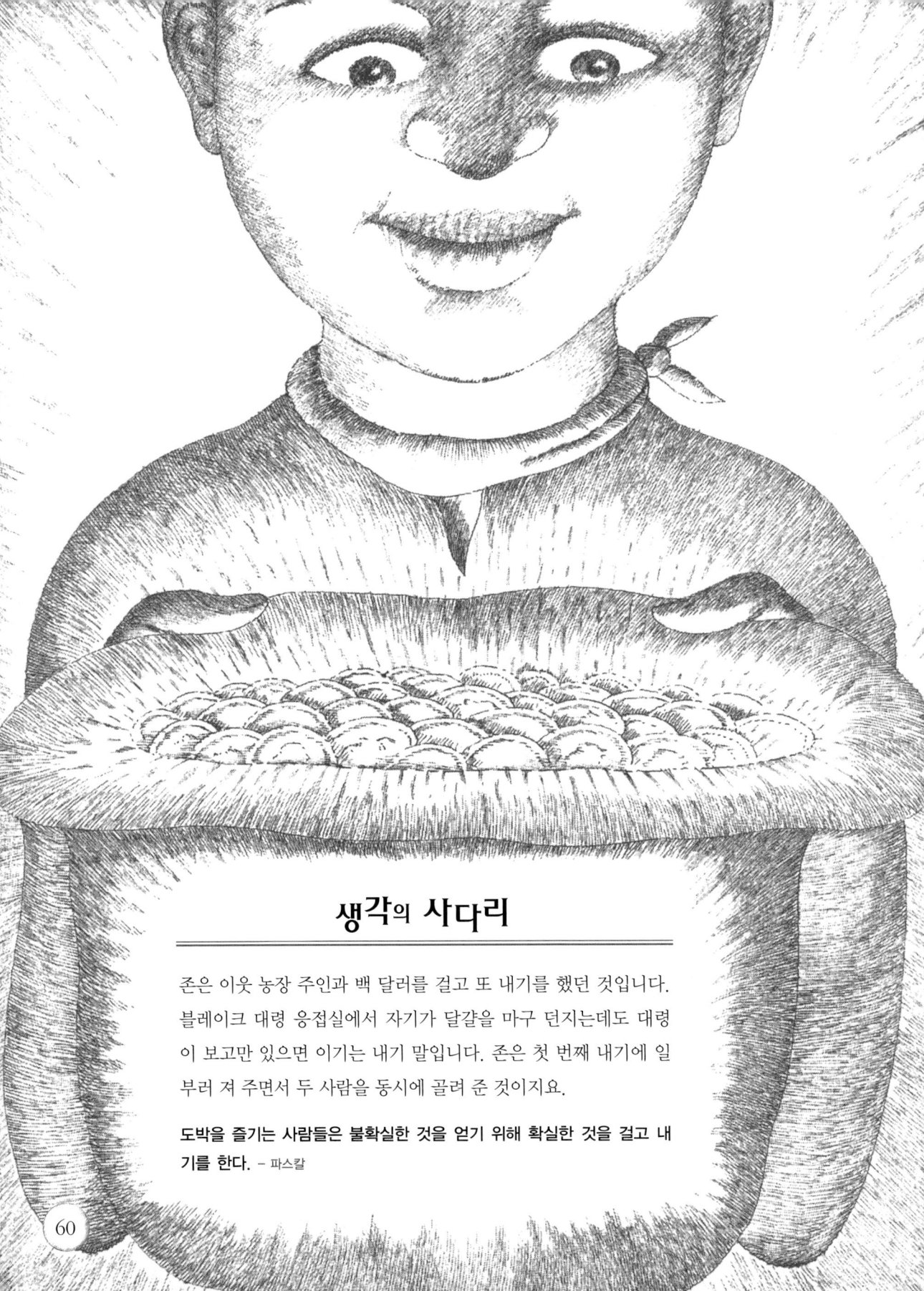

생각의 사다리

존은 이웃 농장 주인과 백 달러를 걸고 또 내기를 했던 것입니다. 블레이크 대령 응접실에서 자기가 달걀을 마구 던지는데도 대령이 보고만 있으면 이기는 내기 말입니다. 존은 첫 번째 내기에 일부러 져 주면서 두 사람을 동시에 골려 준 것이지요.

도박을 즐기는 사람들은 불확실한 것을 얻기 위해 확실한 것을 걸고 내기를 한다. – 파스칼

| 열다섯 번째 이야기

새 배일까?
　　헌 배일까?

　고대 그리스의 위대한 영웅인 테세우스에게는 무엇보다 아끼는 배 한 척이 있었습니다. 테세우스는 배를 오래도록 간직하고 싶어서 널빤지가 썩거나 부서지기라도 하면 곧바로 새 널빤지로 바꾸었습니다. 그렇게 하나씩 바꾸다 보니 드디어 배에 끼워진 널빤지가 모두 새것으로 바뀌었습니다.
　테세우스는 갑자기 궁금해졌습니다. 널빤지들을 모두 새것으로 바꾼 이 배는 헌 배인가? 아니면 새 배인가? 새 배라면 언제부터 헌 배가 아니고 새 배가 되었을까? 테세우스의 뛰어난 신하들 가운데서도 아무도 대답하지 못했습니다.
　여러분은 어떻게 생각하나요?

생각의 사다리

아직 아무도 답을 찾지 못했습니다. 세상에는 정답이 없는 문제도 있답니다.

이야기의 출전

1. 눈사람 – 나는 10년도 훨씬 전에 얇고 낡은 〈한국 민담집〉을 보고 '눈사람'의 기본적인 얼개를 만들었다. 그 뒤로 그 책을 보지 못했고, 비슷한 내용의 이야기도 찾을 수 없었다. 내가 오래전에 읽었던 이야기에서는 눈이 아니라 바닷가의 돌덩이로 되어 있었다.

2. 왕자는 누구? – 프랜시스 카펜터가 엮은 〈아프리카의 놀라운 이야기〉(더블데이, 1974년)에 실려 있는 리베리아 민담이다. 이 이야기는 버지니아 타쉬지안이 엮은 〈깊은 바다의 미소〉(리틀, 브라운, 1974년)에도 실려 있다.

3. 동전 한 닢 – 카슈미르 민담으로, J. 힌튼 놀스가 모은 〈카슈미르 민담〉(키건 폴, 1893년)에 실려 있다.

4. 반딧불이와 원숭이 – 필리핀의 '비사양(필리핀 원주민)' 민담이다. 버튼 L. 맥스필드와 W. H. 밀링턴이 엮은 〈아메리카 민속 제20권〉(1907년)에 있는 '아노몽고와 이풋-이풋'을 다시 썼다. 동남 아시아와 서태평양에도 이와 비슷한 내용의 이야기가 전해지고 있다. 그림 형제 옛이야기 책에도 독일에 전해지는 비슷한 내용의 이야기가 실려 있다.

5. 개구리 – 러시아 민담으로, 미라 진스버그가 엮은 〈게으름뱅이들: 러시아 사람들의 이야기〉(맥시밀리안, 1973년)와 보니 케리가 번역하고 각색한 〈마귀 할멈의 거위〉, 〈또 다른 러시아 옛이야기〉(인디애나대학 출판부, 1973년)에 실려 있다.

6. 악마와 변호사 – 초가 타는 동안만 살 수 있었던 사람에 대한 민담은 유럽에 두루 전해진다. 안티 아르네의 〈옛이야기의 형태〉(버트 프랭클린, 1971년, 1928년판의 재판본)에도 이 이야기가 실려 있다. 캐서린 M. 브리그즈의 〈영국 민담〉에도 비슷한 내용의 이야기들이 실려 있다. W. B. 예이츠는 〈아일랜드 옛이야기〉(1892년)에서 이 이야기를 좀 더 문학적으로 바꾸어 실었다. 이 책에 있는 이야기는 헨리 글라씨가 엮은 〈아일랜드 민담〉(판테온, 1985년)에 실려 있는 것이다. 글라씨는 마이클 J. 머피의 〈이제 네가 말하고 있네〉(벨파스트, 블랙스태프 프레스, 1975년)에서 옮겨 실었다.

7. 솥을 뒤집어쓴 수탉 – 리차드 체이스가 엮은 〈미국 민담과 노래〉(뉴아메리칸 라이브러리, 1965년)에 실려 있는 미국 옛이야기이다. 체이스는 이 이야기를 노스캐롤라이나 주의 스미스 하몬에게서 들었다고 한다. 헨리 찰튼 벡은 뉴저

지 주에 전해지는 비슷한 이야기들을 모아 〈뉴욕 민속 계간지 4권〉(1948년)에 실었다.

8. 듣지도 보지도 못한 것은? – 이솝에 관한 민담으로, 로이드 W. 댈리(토마스 요셀로프, 1961년)가 엮은 〈교훈적이지 않은 이솝〉에 실려 있다. I. F. 블라트킨이 엮은 〈유러시안 민담과 옛이야기〉에는 러시아에 전해지는 이야기들이 실려 있다.

9. 승려와 은행가 – 벵갈의 민담으로, 카신드라나쓰 바네지르가 엮은 〈벵갈에 전해지는 이야기〉(캘커타 : H.D. 챠텐지, 1905년)에 실려 있다.

10. 마지막 부탁 – 칠레의 민담으로, 프랜시스 카펜터가 엮은 〈남아메리카의 신기한 이야기들〉(폴레, 1969년)에 있는 이야기이다. 카펜터는 1938년 조르지뜨와 자끄 수스뗄의 〈칠레 민담〉(파리국제지식협력연구소, 1938년)에 실린 것을 다시 실었다. 그림 형제의 동화집에도 독일에 전해지는 비슷한 이야기가 실려 있다.

11. 허를 찔린 왕 – 에티오피아의 민담으로, 메스핀 햅트매리엄과 크리스틴 프라이스가 엮은 〈부자와 노래하는 사람〉(더튼, 1971년)에 실려 있다. 디안느 볼크스타인이 엮은 이야기책인 〈마법의 오렌지 나무〉(크노프, 1978년)에서는 아이티에 전해지는 이야기를 볼 수 있다. 아일랜드와 켈트에서도 널리 알려진 이야기로, 조셉 제이콥스가 엮은 〈켈트의 옛이야기〉(너트, 1982년)에도 이 이야기가 실려 있다.

12. 해돋이 – 멕시코 민담으로, J.프랭크 도비의 〈산의 말〉(리틀, 브라운, 1947년)에 실려 있다. 블라디미르 카브치크의 〈황금 새 : 슬로베니아의 옛이야기〉(월드, 1969년)에서도 비슷한 내용의 이야기를 찾을 수 있고, 안티 아르네의 〈민담의 형태들〉(버트 프랭클린, 1971, 1928년판의 재판본)에서도 스칸디나비아에 전해지는 비슷한 이야기들이 실려 있다.

13. 터무니없는 이야기 – 미얀마 민담으로, 마웅 흐띤 아웅이 엮은 〈미얀마의 옛이야기〉(옥스퍼드대학 출판부, 1948년)에 실려 있다. 해롤드 쿨랜더가 엮은 〈모자를 흔들며 춤추기〉(하코트, 1957년)에서는 아샨티(아프리카 서부의 옛 왕국)에 전해지는 이야기가 있고, I. K. 듄이 엮은 〈떠가는 구름, 떠가는 꿈〉(더블데이, 1974년)에서는 중국에서 전해지는 이야기가 들어 있다.

14. 져야 이기는 내기 – 나는 1985년 북부 위스콘신 주에 사는 사람에 대한 소박한 농담에서 처음으로 이 이야기의 기본적인 줄거리를 알게 되었다. 내가 쓴 이야기는 로저 애이브래함스의 〈아메리카 민속 83권〉(1970년)에 실려 있는 '톰과 주인' 이라는 제목으로 전해지는 이야기를 섞어 지어낸 것이다.

15. 새 배일까? 헌 배일까? – 수 세기 동안 철학자들에게 흥미를 불러일으켰던 문제이다. 기원후 1세기까지 거슬러 올라가면 플루타크 영웅전에도 이야기가 실려 있다.